EINEN BAUM PFLANZEN

J.L.

EINEN BAUM PFLANZEN

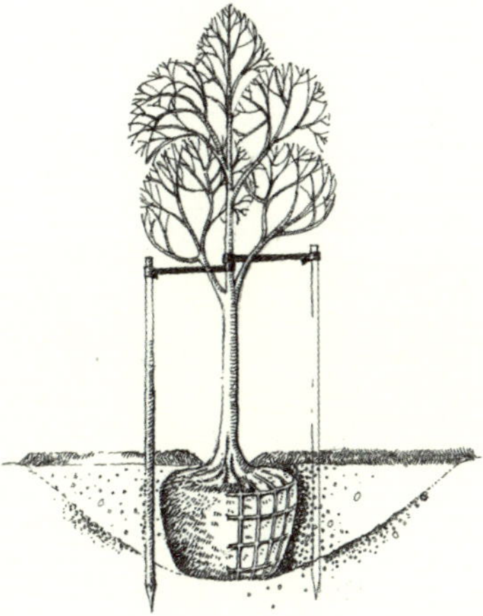

Dem Fest des Lebens Wurzeln geben

BÄUME FÜR ALLE LEBENSLAGEN

DANIEL BUTLER

Mit einem Vorwort von Wolf-Dieter Storl

AURUM

Titel der Originalausgabe
How to plant a tree

Daniel Butler
Einen Baum pflanzen
Dem Fest des Lebens Wurzeln geben
Bäume für alle Lebenslagen

info@j-kamphausen.de | www.weltinnenraum.de

1. Auflage 2012

Übersetzung: Regina Rademächers, Agentur SpuK
Lektorat: Elisabeth Müller
Umschlag & Satz: Kerstin Fiebig, ad department
Grafische Gestaltung der Originalausgabe: Glyn Bridgewater
Illustrator: Andrew Farmer
Druck & Verarbeitung: Arti Grafiche Johnson . I-24068 Seriate

Bibliografische Information der Deutschen Nationalbibliothek
Die Deutsche Nationalbibliothek verzeichnet diese Publikation
in der Deutschen Nationalbibliografie; detaillierte bibliografische
Daten sind im Internet über http://dnb.d-nb.de abrufbar.

ISBN 978-3-89901-545-4

INHALT

VORWORT

***„Und wenn ich wüsste, dass morgen die ganze Welt unterginge, würde ich doch heute einen Baum pflanzen"**, rufe ich frei nach Martin Luther aus. In einer Zeit zunehmender Entfremdung von der Natur gewinnen Bäume wieder verstärkt an Bedeutung, obwohl oder gerade weil sie vielerorts immer seltener Teil unseres Alltags sind. Menschen umarmen Bäume, besetzen Bäume, um sie zu retten, meditieren unter Bäumen und bestatten wieder unter Bäumen in Friedwäldern. Daniel Butler setzt mit diesem Buch ein Zeichen der Hoffnung für die Welt und für unser ganz persönliches Leben. Damit wir unseren „Lieblingsbaum" finden können, stellt er für uns kulturelle, spirituelle und botanische Bedeutungen zusammen. Er erinnert uns an die Faszination, die lebendiges Holz für uns haben kann, besonders, wenn wir ihm ein Ereignis oder einen Wendepunkt unseres Lebens widmen. Pflanzen Sie noch heute einen Baum – und geben der Welt wieder etwas von ihrer Kraft zurück.*

Wolf-Dieter Storl

EINFÜHRUNG

Menschen hatten schon immer eine enge Verbindung zu Bäumen. Lange bevor unsere Vorfahren begannen, durch die afrikanischen Ebenen zu wandern, und sich ins kühle Europa wagten oder gar die eisige Beringstraße nach Nordamerika überquerten, war der Homo sapiens *in fast allen Lebenslagen von Bäumen abhängig. Am Tag nährte ihn der Wald mit Früchten, Nüssen, Blättern, Insekten, Honig, Vögeln und Kleingetier. Nachts brachte er sich auf den Ästen vor Raubtieren in Sicherheit. Der Reiseschriftsteller Bruce Chatwin (1940-1989) war davon überzeugt, dass diese nächtliche Flucht in die Baumkronen der Grund ist, warum sich Babys in den Armen ihrer Mütter so leicht in den Schlaf wiegen lassen, das leise „Schhhh!“ erinnert an das Rauschen der Blätter. Später, als sich die ersten Jäger und Sammler aus dem sicheren Wald trauten, brauchten sie Holz, um Waffen herzustellen, Schutzhütten zu bauen oder Feuer zu machen, um ihr Nahrungsangebot auszuweiten und sich vor nächtlichen Raubtieren zu schützen.*

Als sich der Mensch vom Jäger zum Bauern entwickelte, waren Bäume unerlässlich. Äpfel und Feigen gehörten zu den ersten Nutzpflanzen, die ursprünglich von Nomaden aus den asiatischen Steppen mitgebracht worden waren. Im Laufe der Jahrhunderte wurden Bäume für den Bau von Häusern, Werkzeugen und Schiffen verwendet. Menschen aller Kulturen und Religionen webten das Baummotiv Jahrtausende lang in ihre Stoffe, und der Baum hat seinen festen Platz in den Mythen und im Glauben der ältesten Kulturen der Welt.

Forstwirtschaft

Anfangs fällte der Mensch einfach einen Baum, wenn er ihn brauchte. Als die urzeitlichen Wälder gerodet waren, kam es zu den ersten Anfängen einer Forstwirtschaft. Linden und Birken, die große Teile Europas bedeckten, wichen Eichen, Eschen und Buchen. Große Bäume wurden als Bauholz geschlagen, während kleinere Arten, wie die Hasel, zum Niederwald heranwuchsen. Zunächst war dies das Ergebnis der natürlichen Regeneration, aber mit der Zeit begann eine intensivere Aufforstung, um gerade gewachsenes, astlochfreies Bauholz zu produzieren. Grund dafür war nicht zuletzt der große Holzbedarf im Schiffbau, als die europäischen Völker ihre Herrschaftsbereiche durch die Seefahrt auszudehnen suchten.

In Europa wurden Landschaftsgärtner modern, deren Palast- und Schlossgärten ganz auf den optischen Eindruck alter Bäume setzten. Im 19. und frühen 20. Jahrhundert durchquerten Naturaliensammler die Welt auf der Suche nach besonderen Arten, um botanische Gärten und Arboreten zu schmücken.

Umweltschutz

Heute bereitet uns der Einfluss des Menschen auf die Natur große Sorgen. Übermäßige Abholzung bedroht die biologische Vielfalt, der Klimawandel, bedingt durch den Kohlendioxyd-Ausstoß fossiler Brennstoffe aus Fabriken, Kraftwerken und Autos, tut sein Übriges dazu.

Bäume sind „die Lungen des Planeten", wir brauchen sie, um leben zu können. Wissenschaftler haben belegt, dass die Erde von der Fähigkeit der Bäume zur Photosynthese abhängt, um den Treibhauseffekt zu verringern, der die globale Erderwärmung vorantreibt. Um dem Klimawandel entgegen zu wirken, drängen Umweltschützer die Industriestaaten und Schwellenländer dazu, ihre CO^2-Bilanz zu reduzieren und Programme zum Schutz der Wälder ins Leben zu rufen.

Bäume in der Stadt

Wir alle können unseren Teil beitragen: Wir können Bauholz aus nachhaltiger Forstwirtschaft kaufen, neue Bäume pflanzen und das, was bereits in Stadt und Land in dieser Richtung unternommen wurde, würdigen und unterstützen. Bäume säumen unsere Straßen, füllen unsere Parks und Gärten und wachsen überall, selbst auf einem Firmengelände. Die modernsten Pläne zur Stadtentwicklung sehen Bäume als Oasen der Ruhe vor sowie zum visuellen Ausgleich von Stahl und Zement. Vor allem aber werden Bäume gepflanzt, um ein wichtiges Ereignis im Leben hervorzuheben. Bäume sind so populär wie eh und je.

Dieses Buch liefert Ideen, wie wir zu Bäumen, die eine besondere Bedeutung für uns haben, eine Verbindung aufbauen können.

ZUR GEBURT

Es gibt keinen schöneren Anlass zu feiern als den Beginn eines neuen Lebens. Ein neugeborenes Baby in den Armen zu halten ist ein besonders lebensbejahender und glücklicher Moment in unserem Leben.

Symbolik

Die Geburt eines Kindes ist ein freudiges Ereignis – und einen Baum zu pflanzen symbolisiert Wachstum. So wie der Baum wird auch das Baby gedeihen. Kein Zeichen für das neue Leben ist dauerhafter als ein zweites, parallel existierendes Dasein. Beide wachsen schnell, und wenn man ein paar Wochen nicht hinschaut, springen einem die Veränderungen förmlich ins Auge.

Zeitpunkt

Natürlich möchte man den Baum am liebsten am Tag der Zeremonie zur Namensgebung pflanzen, nur ist das leider nicht immer praktikabel. Bäume entwickeln sich am besten, wenn man sie im Herbst oder Frühjahr pflanzt. Verschieben Sie die Feier für ein im Sommer oder Winter geborenes Baby, suchen Sie in der Zwischenzeit den passenden Baum aus und planen Sie das Fest.

Wahl des Baumes

Bei all den Arten, Züchtungen und Varietäten ist die Wahl eines geeigneten Baumes nicht so einfach. So ist es den Eltern überlassen, eine für sie stimmige Entscheidung zu treffen.

Inspiration

Fast jede Baumart hat eine kulturelle und spirituelle Bedeutung. In einigen europäischen Kulturen steht die Eiche für Kraft und Weisheit, in der keltischen Spiritualität spielt die Eberesche eine große Rolle. Für Hindus wiederum symbolisiert der Mangobaum Verwirklichung und Perfektion.

Praktisches

Bedenken Sie bei der Wahl eines Baumes auch die Frage der Lebensdauer. Dekorative Sorten wie Birken oder Kirschen wachsen schnell, während größere, langlebigere Arten, wie der Mammutbaum oder Hickory, noch stehen, wenn sich die Enkelkinder des Kindes zur Ruhe gesetzt haben.

PLAKETTEN FÜR PFLANZZEREMONIEN

Überlegen Sie, ob Sie bei der Zeremonie des Baumpflanzens eine Plakette anbringen wollen, auf der die Daten, der Anlass und die Baumgattung festgehalten werden. Dabei darf man nicht vergessen, dass die Elemente dem Schild sehr zusetzen können. Mit viel Glück halten selbstgedruckte Schilder ein paar Winter lang, jedoch wird auch die kunstvollste Inschrift, in Holz oder Stein geritzt, von Moos bedeckt, und Keramik zerbricht leicht bei Frost. Am unverwüstlichsten sind geprägte Metalle mit reliefartigen Buchstaben. Reinigen Sie das Schild regelmäßig mit einer Drahtbürste und versehen Sie es mit einem neuen Anstrich, damit die Schrift lesbar bleibt.

WIE MAN PFLANZEN AUS SAMEN ZIEHT

Allein einen Baum zu pflanzen ist schon befriedigend. Noch schöner ist es, ihn durch jede Phase seines Lebens hindurch zu begleiten. Umweltschützer betonen, wie wichtig es ist, die regionale Vielfalt zu erhalten. Deshalb sollte man einen heimischen Baum wählen, um das genetische Spektrum und die heimische Tierwelt zu berücksichtigen.

Sammeln

- Wählen Sie Mutterbäume aus, die nah an der Stelle wachsen, wo der Baum gepflanzt werden soll.
- Gehen Sie in ein Waldstück, das möglichst natürlich gewachsen ist.
- Sammeln Sie Ihr Saatgut bei kleinen Baumgruppen der gleichen Art. (Bäume, die einzeln stehen, könnten unfruchtbar sein.)
- Sammeln Sie große Samen in Eimern, kleine in Papierumschlägen und Beeren/Früchte in Plastikbeuteln.
- Große Samen sollten Sie auflesen, wo sie hingefallen sind (hilfreich ist dabei eine Plane auf dem Boden). Was zuerst vom Baum fällt, ist manchmal unfruchtbar.
- Nehmen Sie eine Gartenschere, um Fruchtstände abzuschneiden.
- Kehren Sie leichte oder flüchtige Samen auf festem Untergrund zusammen.

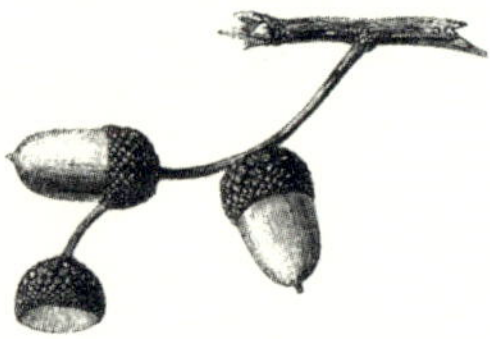

Reinigen & lagern

- Entfernen Sie Blätter und Hülsen von den Samen, beschädigte sortieren Sie aus.
- Fleischige Samen weichen Sie ein, zerdrücken sie und waschen die Samen aus.
- Bewahren Sie Zapfen auf, bis sie sich öffnen. Dann schütteln Sie sie in einen Korb aus, um die Samen aufzufangen.
- Die meisten Samen können getrocknet werden, aber schwere Samen, wie Eicheln, vergraben sich im Laub. Daher müssen Sie diese sofort aussäen.

KEIMUNG

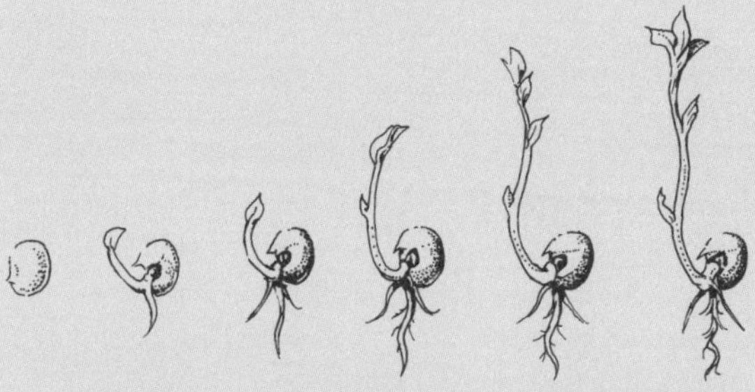

1. Viele Samen brauchen zunächst eine Ruheperiode, damit sie den Frost überstehen. Bewahren Sie die Samen zwei bis vier Monate draußen oder im Kühlschrank auf.

2. Vorm Einpflanzen weichen Sie die Samen 48 Std. ein. Trocknen und mischen Sie sie im Verhältnis 1:3 mit Pflanzerde. Zweimal wöchentlich gießen, damit die Erde feucht bleibt.

3. Wenn die Samen keimen und die ersten vier Blättchen da sind, pflanzen Sie sie in einen größeren Topf. Sobald sie groß genug sind,setzen Sie sie nochmals um.

Es ist faszinierend zu beobachten, wie aus einem trockenen Samen ein winziger Sämling hervorkommt, wächst und sich verändert.

WIE MAN PFLANZEN AUS EINEM KEIMLING ZIEHT

Der Waldboden ist bedeckt mit Keimlingen, die darauf hoffen, dass ein Sturm oder ein Blitz für sie eine Lücke im Blätterdach schafft, die sie für sich nutzen können. Ohne den Eingriff der Natur oder des Menschen sind die meisten dieser winzigen Bäumchen dazu verdammt, an Lichtmangel einzugehen. Es ist also durchaus legitim, Keimlinge auf öffentlich zugänglichem Land zu sammeln.

Warum Keimlinge sammeln?

- Es spart Zeit: Lagerung und Keimung fallen weg.
- Es macht das Ganze schneller. Auch ein kleiner Keimling ist in der Regel als Samen ein oder zwei Jahre vorher vom Baum gefallen.
- Einige Samen sind nur eingeschränkt fruchtbar – ein Keimling, der schon gekeimt ist, hat größere Erfolgsaussichten.
- Keimlinge wachsen schneller als größere Bäume.
- Keimlinge mit nackten Wurzeln sind leicht zu pflanzen. Man setzt sie einfach in feuchten Boden.

Sammeln

- Sammeln Sie die Keimlinge nach dem Laubabwurf, wenn der Pflanzensaft zurückgeht.
- Nicht bei gefrorenem Boden ausgraben (die Wurzeln können beschädigt werden).
- Lösen Sie den Keimling sanft aus dem Boden, ohne am Stamm oder den Wurzeln zu ziehen. Mit einer Gabel kann man die Erde auflockern.
- Stellen Sie die Keimlinge mit den Wurzeln nach unten in einen großen Eimer.
- Zuhause sollten Sie die Keimlinge kennzeichnen und einzeln in feuchte Erde pflanzen.
- Setzen Sie die kleinen Bäumchen an ihren eigentlichen Bestimmungsort um, vorzugsweise im Frühjahr oder Herbst, bevor der Saft aufsteigt.
- Pflanzen Sie die Keimlinge dicht zusammen. Damit ahmt man die natürlichen Bedingungen des Waldbodens nach, auf dem generell ein Kampf um Licht und Platz geführt werden muss.
- Schützen Sie die Pflanzen vor Schädlingen *(siehe Seite 28)*.
- Dünnen Sie regelmäßig aus, vor allem in den ersten zehn Jahren.

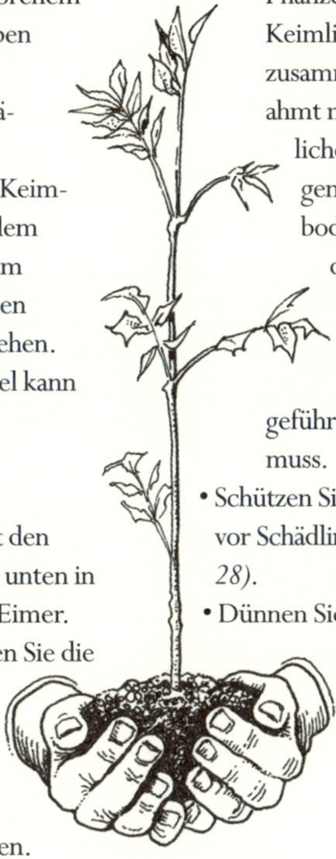

Eine junge Esche

PFLAUME

Prunus spp.

Der Mensch macht sich seit Tausenden von Jahren die reichen Erträge Dutzender wilder Pflaumenarten zunutze. Einige wurden wegen ihres harten Holzes verwendet, andere wegen ihrer schönen Frühlingsblüten, die meisten aber wegen ihrer süßen fleischigen Früchte (Steinobst).

Die Familie der Pflaumen umfasst kleine bis mittelgroße Laubbäume, viele mit scharfen Dornen bewehrt, weshalb sie als Hecken beliebt sind.

Schwarzdorn oder Schlehe ist ein Beispiel dafür. Der lateinische Name *Prunus spinosa* ist schon eine Warnung, denn die Dornen dieses Strauchs sind so scharf und hart, dass sie den Reifen eines Traktors zerstechen können. Deshalb eignen sie sich gut als Weidehecken. Das harte, biegsame Holz wurde früher für Reitgerten und Spazierstöcke verwendet – die harte Frucht, die zu bitter ist, um roh gegessen zu werden, verleiht Likören ein mandelähnliches Aroma. Die Kriechen- oder Haferpflaume (*Prunus insititia*) liegt irgendwo zwischen den dornigen und den kultivierten Pflaumenarten. Sie ist zu sauer, um roh verzehrt zu werden, eignet sich aber mit reichlich Zucker für Marmeladen, Desserts und Getränke.

Rundpflaumen (*Prunus domestica,* Untergruppe Renekloden) haben kleine grüne oder rote essbare Früchte. Der Baum dornig genug, um als Hecke Vieh aufzuhalten.

Eine Kirschpflaume (Prunus cerasifera).

VERWENDUNG IN KÜCHE UND MEDIZIN

Die kultivierte Pflaume (*Prunus domestica*) hat die fleischigsten und süßesten Früchte von allen. Seit mindestens viertausend Jahren schätzt man diese köstlichen Früchte, auch wegen ihres natürlichen Zucker- und Vitamin-C-Gehalts und ihrer leicht abführenden medizinischen Wirkung. Halbgetrocknet ist sie im Mittleren Osten ein wichtiger Bestandteil der Küche, während die Pruneaux d'Agen eine südfranzösische Spezialität ist. In Zentraleuropa wird die Pflaume vor allem zum Einmachen verwendet oder zu Schnaps gebrannt (Slibowitz und Horinka).

DER BAUM DES LEBENS

Der Mensch hatte schon immer eine tiefe spirituelle Beziehung zu Bäumen. Vielleicht rührt das aus der Zeit, als die ersten Menschen auf der Erde auftauchten und unsere Vorfahren jede Nacht Schutz suchend auf die Bäume der afrikanischen Savanne kletterten.

ÄGYPTISCHE MYTHOLOGIE

Die altägyptischen Götter Isis und Osiris traten aus Saosis (Akazienbaum, der „Baum, in dem Leben und Tod wohnen") hervor. Osiris wurde getötet und sein Leichnam in den Nil geworfen, wo ihn die Wurzeln einer Tamariske begruben.

Der Baum des Lebens wird in der Kabbala oft erwähnt und ist fester Bestandteil der jüdischen Lehren. Jüdische Jeschiwas und Synagogen wurden häufig „Etz Chaim" (hebräisch: Baum des Lebens) genannt – ebenso heißen die Holzstäbe, auf die die Thorarollen gewickelt sind. Auch das Buch Genesis spricht vom Baum des Lebens, und in der mittelalterlichen Theologie wurde Bäumen immer wieder eine spirituelle Bedeutung zugewiesen.

Lange bevor sich das Christentum ausbreitete, wurden Bäume von den heidnischen Völkern Europas verehrt. Die Kelten glaubten, dass in Bäumen Geister lebten. Die christliche Sitte, Eiben auf

Friedhöfe zu pflanzen, hängt wohl mit dieser heidnischen Verehrung zusammen, denn viele frühchristliche Kirchen wurden auf den heiligen Stätten der Heiden errichtet. Ähnlich verhielt es sich mit den Wikingern, die „Yggdrasil" verehrten, den „Weltenbaum", der nach ihrer Überzeugung den Himmel stützte. Sie bewahrten Äpfel, die den Göttern Unsterblichkeit verliehen, in Eschenholzkisten auf.

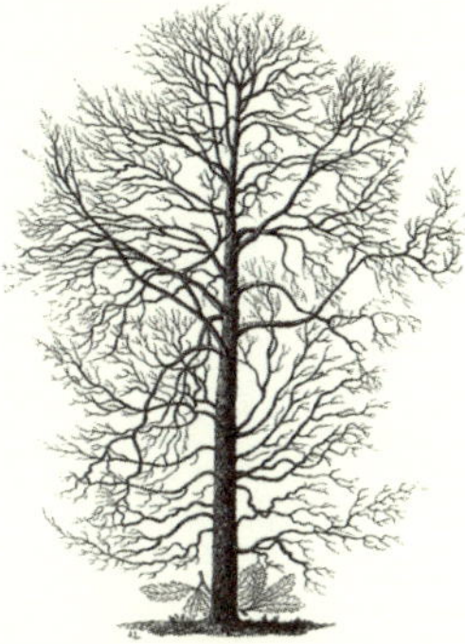

Für die Kelten war die Form der Eiche ein untrügliches Zeichen für dessen Verehrungswürdigkeit.

DER MITTELAMERIKANISCHE WELTENBAUM

Heilige Bäume sind auch Bestandteil der präkolumbianischen Kulturen Mittelamerikas und finden sich in den Schnitzereien der Kultstätten von Mayas, Azteken und Izapán. Diese frühen Kulturen glaubten, dass die Weltenbäume, die ihre Zweige in die vier Himmelsrichtungen ausstrecken, das Erdenreich mit den geistigen Welten oben und unten verbinden. Bei den Mayas handelte es sich dabei um einen großen Kapokbaum. Auch heute noch wird der Kapokbaum verehrt, und so bleibt ein Exemplar stehen, wenn ein Teil des Regenwaldes der Rodung zum Opfer fällt.

ERWACHSEN WERDEN

Fast jede Kultur hat eine Art Initiationsritus oder Zeremonie, mit der man den Übergang von der Kindheit zum Erwachsensein feiert, wie zum Beispiel die christliche Konfirmation und das jüdische Bar Mitzwa. Aber auch das Abitur mit all den zugehörigen Feierlichkeiten ist so etwas wie ein säkulares Übergangsritual.

SYMBOLIK

Der Eintritt ins Erwachsenenalter ist mit gesetzlichen Pflichten und Rechten verbunden: Man darf wählen, heiraten oder zum Militär gehen. Doch gibt es auch eine spirituelle Art, die Verantwortung von einer Generation zur nächsten weiterzugeben, indem man beispielsweise den jungen Erwachsenen fragt, ob er oder sie die Verantwortung für einen jungen Baum übernimmt, der später zum Treffpunkt für regelmäßige Familienzusammenkünfte werden kann.

Wahl des Baumes

Angesichts jugendlicher Ungeduld ist es sicher nicht falsch, eine schnell wachsende Sorte zu wählen. Birke und Esche sind rasch aufschießende Harthölzer mit schöner Rinde und hübscher Form. In warmen Gegenden ist ein Banyanbaum keine schlechte Wahl, denn er gedeiht auch unter wechselnden Bedingungen gut.

Inspiration

Feigen oder Banyanbäume gelten in vielen östlichen Religionen als heilig. Sie symbolisieren Glück, Erleuchtung und Verbundenheit. Im Hinduismus wird er *kalpavriksha* genannt, „der Wünsche erfüllende göttliche Baum". Shiva wird häufig in dessen Schatten sitzend und in Stille versunken dargestellt.

Buddha wurde vor ca. 2400 Jahren in Bodh Gaya, in der Nähe von Patna, unter dem Bodhi-Baum erleuchtet. Obwohl es diesen Baum längst nicht mehr gibt, soll dort bis heute einer seiner Abkömmlinge stehen.

Für die Menschen in Hongkong ist der Lam-Tsuen-Wunschbaum besonders glückverheißend. Beim Neujahrsfest des Mondkalenders werden die Wünsche auf Papierzettel geschrieben und diese an Orangen gebunden, die dann in die Äste des Baumes geschleudert werden. Die Wünsche, die im Laub hängen bleiben, werden in Erfüllung gehen.

Praktisches

Vergessen Sie nicht, ein Schildchen am Baum anzubringen mit Namen, Datum und Bezeichnung des Anlasses (siehe Seite 11). Der junge Mensch wird in der Regel aus dem Haus gehen, um ein paar Jahre später ein eigenes Heim zu gründen. Daher ist es wichtig, dass der Baum pflegeleicht ist. Vermeiden Sie Bäume, die regelmäßig beschnitten oder vor Schädlingen, Vieh oder Haustieren geschützt werden müssen.

Kleine Pflegerituale und ein wenig Aufmerksamkeit während der Besuche in den Ferien und bei Familienfesten stärken die Verbundenheit und werden zeigen, wie schnell die Zeit vergeht.

WEIDE

Populus spp.

Auf der nördlichen Erdhalbkugel gibt es etwa 400 Arten dieser schnell wachsenden, Wasser liebenden Baumfamilie. Die große Salix-Familie bringt eine Vielfalt von Erscheinungsformen hervor. Da gibt es arktische Arten, die nicht größer werden als ein kleiner Strauch, und solche mit über 30 m hohen Stämmen.

Meistens einfach als Weiden bekannt, heißen die breitblättrigen Arten Salweiden, und Korbweiden sind diejenigen, deren biegsame Ruten zum Korbflechten verwendet werden. Die meisten Arten sind zweihäusig und kreuzen sich leicht. Die Trauerweide ist beispielsweise eine Kreuzung aus Silberweide und Chinesischer Weide. Der Legende nach kam sie einst als Paketschnur nach England. Diese scheinbar tote Schnur pflanzte der Dichter Alexander Pope ein, und nun heisst es, alle Trauerweiden Großbritanniens stammen von diesem Baum ab.

Tausende von Jahren kauten die Menschen in China und Europa die Rinde der Silberweide wegen ihrer schmerzlindernden, fiebersenkenden Wirkung, bis im 19. Jahrhundert ihr Wirkstoff Salicin isoliert und daraus das Aspirin entwickelt wurde.

Die Weidenrinde ist reich an Auxinen, pflanzlichen Wachstumshormonen, was erklärt, warum die Weide so schnell wurzelt und Ableger bildet. Stecklinge, die man mit einer Lösung aus Weidenrinde gießt, bilden schneller Wurzeln aus.

VERWENDUNG DES HOLZES

Das Holz ist relativ schwammig und weich, bietet sich aber zur Herstellung allerlei nützlicher Dinge an, von Korbwaren bis zu Sichtschutzmatten. Weiche Holzkohle aus Weidenholz ist ideal zum Zeichnen, und die Fischer machten sich früher die Wasserbeständigkeit der Weide für ihre Reusen zunutze.

Eine ausgewachsene Silberweide (Salix alba).

Weiden wachsen in vielen Gegenden. Sie lieben das Wasser und sind oft auf feuchten Böden oder an Flüssen zu finden, wo sie das Ufer befestigen und als Windbrecher dienen. Zunehmend werden sie auch als Biofilter eingesetzt, um Gewässer zu reinigen. Sie wachsen extrem schnell (bis zu 4 m in einem Jahr) und werden, trotz ihres hohen Wassergehalts, auch verstärkt als Biobrennstoff angebaut.

PAPPEL

Populus spp.

Die Familie der Pappeln hat weltweit drei Vertreter: Die beiden bekanntesten amerikanischen Exemplare sind die Kanadische Schwarzpappel (Populus deltoides) *und die Fremont-Pappel* (Populus fremontii). *Das europäische Gegenstück ist die eng verwandte Schwarzpappel* (Populus nigra), *die lange unsere Straßen säumte, um den Arbeitstieren Schatten zu spenden. Sie ist daher auf vielen alten Gemälden von Monet und van Gogh zu sehen.*

Die Pappeln, die an Flüssen und Hügeln wachsen, sind wohlbekannt. Ihre breiten dreieckigen Blätter mit seitlich versetzten Stängeln lassen das Laub im Wind schimmern. Trotz seiner Größe ist ihr zerfurchter grauer Stamm relativ schwach und brüchig. Typisches Merkmal sind die flauschigen weißen Samen, denen der Baum seinen englischen Namen verdankt: Cottonwood – Baumwollbaum. (Die Baumwolle für Kleidung stammt von der echten Baumwollpflanze, *Gossypium*).

Die Feuchtigkeit liebenden Pappeln liefern ein minderwertiges Bauholz, werden aber trotzdem kommerziell gezogen, weil sie besonders rasch wachsen und schon nach 10 bis 30 Jahren gefällt werden können. In dieser Zeit haben sie eine Höhe von bis zu 40 Metern erreicht. Ihr faseriges Holz ist billig und ideal für Einwegpaletten oder Frachtkisten. In Europa nutzt man es für Sperrholz, Streichhölzer und für Verpackungen von Weichkäse.

Pappeln haben einen hohen Wassergehalt. In der Regel schlagen die Holzfäller daher vor dem Fällen einen tiefen Schnitt in den Stamm, damit die überschüssige Flüssigkeit ablaufen kann. Trotzdem bleibt viel Feuchtigkeit im Holz, sodass es sehr schlechtes Brennholz abgibt. (Das hängt mit mikroskopisch kleinen Wassereinschlüssen zusammen, die im Feuer explodieren.) Doch dank seines schnellen Wachstums ist es als Biobrennstoff trotzdem interessant.

Für Bauern sind diese Überlegungen hingegen unwichtig. Viel wichtiger als das Holz ist die Schutzfunktion, die diese Bäume bieten. Sie sind sturm- und flutresistent und in der Lage, sich selbst wieder aufzurichten, indem sie sich an ihrem weitläufigen Wurzelsystem hochziehen.

Pappeln prägen eine malerische Landschaft. Ihre schlanke, hohe Form verleiht den horizontalen Linien einen vertikalen Kontrast.

CHILENISCHE ARAUKARIE

Araucaria araucana

Mitte des 19. Jahrhunderts waren diese Bäume in Europa eine Seltenheit. Als ein Gärtner mit seinem preisgekrönten Exemplar angab, sagte einer seiner Freunde: „Dort hochzuklettern stellt einen Affen aber vor ein Rätsel." Im Englischen heißt der Baum folglich „Monkey Puzzle".

Die Form dieses Baumes ist sicherlich ungewöhnlich: ein langer, meist astloser Rumpf und eine dichte Krone mit langen, scharfkantigen dreieckigen „Nadeln". Wie viele Koniferen ist auch die Chilenische Araukarie winterfest und kann Temperaturen bis -20°C ertragen.

Die Chilenische Araukarie ist der Nationalbaum Chiles. Ihr natürlicher Lebensraum sind die südlichen Gebiete der chilenischen und argentinischen Anden. Sie wächst dort in über 1.000 Meter Höhe in einer Gegend, wo es im Winter starke Schneefälle gibt. Der wissenschaftliche Name *Araucaria araucana* leitet sich von einem chilenischen Volk ab, den früher als Araukaner bezeichneten Mapuche, welche die großen Samen des Baumes besonders schätzen.

Die Araukarie wäre als Nahrungsmittellieferantin und wegen ihres Holzes interessant für den kommerziellen Anbau, wäre da nicht ihr langsames Wachstum: Es kann bis zu 40 Jahre dauern, ehe am Baum die ersten Zapfen stehen.

BLÄTTERKUNDE

Araukarien sind große imposante Bäume mit Ästen in regelmäßigen Wirbeln. Die dicken Blätter bleiben 10 bis 15 Jahre am Baum, sie sind flach, breit und gebogen. Männliche und weibliche Zapfen wachsen auf unterschiedlichen Bäumen.

Die Äste sind ungewöhnlich symmetrisch und eckig, vollständig bedeckt von den harten übereinanderliegenden Blättern.

Die *Araukarie* gehört zu einer der ältesten Baumgattungen der Welt. Es wird vermutet, dass einige Exemplare mehr als tausend Jahre alt sind. Die Araukarie war ein beliebter Zierbaum bei Gärtnern und Sammlern des 19. Jahrhunderts und verbreitete sich an den Westküsten Europas und Nordamerikas, aber auch in Neuseeland und Südost-Australien. Das lag nicht zuletzt an ihrer Widerstandsfähigkeit und dem ungewöhnlichen Erscheinungsbild.

WIE MAN EINEN BAUM SCHÜTZT

Die meisten ausgewachsenen, gesunden Bäume sind kräftig genug, Angriffe abzuwehren. Bei jungen Bäumen sieht das jedoch anders aus, denn sie reagieren besonders empfindlich auf Angriffe unterschiedlichster Art.

Wühlmäuse & Kaninchen

Wühlmäuse und Kaninchen können in jungen Anpflanzungen große Schäden anrichten, denn sie lieben die weichen, jungen Triebe. Sie mithilfe eines Zaunes von den Pflanzen fernzuhalten, ist nicht nur teuer, sondern meist auch ineffektiv. Die beste Lösung besteht darin, jede Pflanze einzeln zu schützen. Dazu befestigt man einen niedrigen Plastikschutz an jeden Stamm, bis die Bäume groß genug und nicht mehr gefährdet sind.

Eichhörnchen

Eichhörnchen können wahre Plagegeister sein. Sie machen Jagd auf Früchte und Nüsse, und nagen an der jungen Baumrinde, zerstören neues Wachstum und haben eine besondere Vorliebe für junge Triebe. Nagen sie diese ab, spaltet sich der Stamm und der Baum wird geschwächt. Es ist unmöglich, diese kleinen Nager mit Zäunen auszusperren. Spezielle Ultraschallgeräte können jedoch helfen, Eichhörnchen von frisch gepflanzten Bäumen fern zu halten.

Wild

Hirsche können ebenfalls zu einem ernsten Problem werden. Im Frühling und Sommer äsen sie alles ab, was sie finden können – zur Plage werden sie erst im späten Winter, wenn Kälte und Futtermangel sie dazu treiben, die kalorienreichen, süßen Baumrinden abzuknabbern. Hirsche können kompakte Bäume beschädigen, wenn sie mit ihren Geweihen an die Bäume schlagen, um ihr Revier zu markieren. Zäune und ein Schutz um den Baum können zwar helfen, sind jedoch teuer und müssen regelmäßig kontrolliert werden. Geschmacks- oder Duftstoffe können ebenso helfen: Man bestreicht dazu z.B. den Baum bis zu einer Höhe von 2 m mit einer Ei-Wasser-Lösung, um die Hirsche fernzuhalten.

Hirsche essen gerne das grüne Blattwerk kleinerer Bäume.

Vögel

Obstgärten ziehen Vögel magnetisch an. Die weichen Früchte sind unwiderstehlich. Kleinwüchsige Bäume kann man mit Netzen schützen. Mit Vogelscheuchen, aufgehängten Silber-CDs, Plastikhabichten oder -eulen kann man die ärgsten Feinde abschrecken. Kleinere Bäume kann man mit einem Gartenvlies vor Schädlingen aus der Luft schützen.

EIN NEUES HEIM

Man sagt, stressiger als ein Umzug sei nur eine Scheidung oder ein Trauerfall. Trotzdem ist ein Umzug etwas ganz Besonderes - vor allem, wenn jemand sein erstes Haus gekauft hat. Ein Baum - als Symbol der Verwurzlung - passt zu diesem Ereignis ganz besonders gut.

PRAKTISCHES

Die ersten eigenen Unterkünfte sind in der Regel nicht von Dauer. Sie sind oft klein, haben keinen Garten oder liegen mitten in der Stadt. Daher gilt es, einiges zu beachten. Die Pflanze sollte sich einfach transportieren lassen. Einen eingetopften Strauch kann man nach dem Sommer leicht vom Balkon hereinholen, damit er im Winter drinnen geschützt steht. Noch wichtiger aber ist, dass er gegebenenfalls mit seinem Besitzer umziehen kann – in ein größeres Haus oder sogar hinaus aufs Land.

Wahl des Baumes

Zitronen- und Orangenbäume gedeihen gut in Töpfen, und man kann sie zu schönen Formen zurückschneiden. Sie sind aromatisch, haben hübsche Blüten und köstliche Früchte. Als Alternative hat ein Gewürzlorbeer schöne dicke und glänzende immergrüne Blätter. Im Altertum stand der Lorbeer für Erfolg, heute ist er wegen seiner aromatischen Blätter bekannt, mit denen man mediterrane, orientalische und indische Speisen verfeinern kann. Getrocknet eignen sie sich für selbst gemachte Potpourris und als Duftspender im Kleiderschrank. Zitronen- oder Lorbeerbäume lassen sich bei Wintereinbruch problemlos an einen frostfreien Platz umsetzen. Dort gedeihen sie zu einem verhältnismäßig dichten kleinen Strauch/Baum, der soviel Frucht bzw. Gewürz liefert, wie es sich ein Koch erträumt.

Andenken

Es kann traurig sein, aus dem geliebten Elternhaus auszuziehen, vor allem, wenn man damit auch seinen geliebten Garten aufgeben muss. Man bleibt aber mit der Vergangenheit verbunden, wenn man vom Lieblingsbaum oder -strauch *(siehe Seite 112)* einen Ableger mit ins neue Zuhause nimmt. So kann Kindern und Enkeln die symbolische Bedeutung vermittelt werden, immer wieder Ableger weiterzugeben. Über Generationen hinweg lässt sich ein einziger Baum auf diese Weise weitergeben, als lebendiges Zeichen dafür, wie die Familie wächst und sich über das Land oder gar Kontinente ausbreitet.

Inspiration

Johnny „Appleseed" Chapmann *(siehe Seite 45)* besaß nie ein Zuhause, doch er fand Einzug in Volkserzählungen, weil er im gesamten amerikanischen Mittelwesten Apfelbäume pflanzte. Er sammelte die Kerne aus dem Abfall der Mostereien, pflanzte seine Setzlinge überall, wo er zum Predigen halt machte und vertraute die Pflege der jungen Bäume einem Ortsansässigen an. Seine Route durch den mittleren Westen erkennt man an den von ihm hinterlassenen Obstgärten.

WIE MAN EINE HECKE ANLEGT

Bäume bilden seit der Eisenzeit lebende Barrieren. Die ältesten Hecken wurden direkt aus dem Wald herausgeschnitten, der rechts und links wuchs, aber im 16./17. Jahrhundert pflanzte man sie bewusst aufs freie Land, um z.B. Felder einzugrenzen. Hecken spielen nicht überall auf der Welt die gleiche Rolle: Während es sie in manchen Ländern kaum gibt, schmücken sie in Nordeuropa Gärten und verleihen der Landschaft Form und Farbe.

Die meisten Hecken bestehen aus Dornengewächsen. Unbeaufsichtigt wachsen sie schnell in die Höhe und lassen kein Licht mehr an die Basis oder bilden hässliche Löcher. Eine Hecke muss regelmäßig zurückgeschnitten und ihre Äste verwebt werden, damit sie Schutz und Nahrung für das Vieh und die wilden Tiere bietet.

Hecken sind nicht überall gleich. Dort, wo Schafe gezüchtet werden, sind sie eher niedrig, dicht und dornig. Für Rinder und Milchkühe werden weniger dichte, höhere Hecken angelegt, oft von großen Bäumen aufgelockert, die als Futter gekappt werden, damit Licht bis an den Boden gelangen kann.

SCHRITT FÜR SCHRITT ZUR FLECHTHECKE

1. Die alte Hecke rigoros kürzen, alle Seitentriebe entfernen und auf den Stümpfen nur eine Reihe dünner Zweige stehen lassen.

2. Die Zweige, die auf der Mittellinie wachsen, auf Hüfthöhe abschneiden – sie bilden das Gerüst, um das die Hecke geflochten wird.

3. Die übrigen Stecken knapp über dem Boden so weit diagonal abschlagen, dass nur noch ein kleiner Rest Holz und Rinde unversehrt bleibt. Dann diese Äste nach oben biegen und in den Mittelteil hineinstecken.

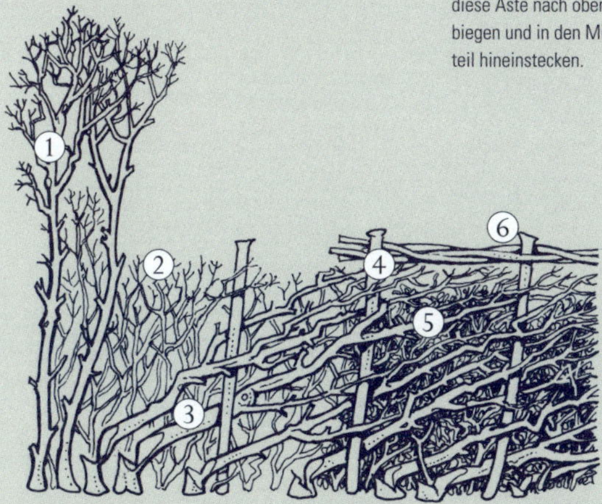

4. Zweige, die vom Ausdünnen übrig sind, senkrecht in die Hecke hineinstecken. Bis sie verrotten, geben sie der Hecke Halt.

5. Löcher mit dornigen Zweigen auffüllen, um dort neue Triebe zu schützen.

6. Die Hecke herunterdrücken und mit langen, von oben eingeflochtenen Stöcken fixieren.

Schneiden Sie Ihr Kunstwerk jeden Winter stark zurück. Bei guter Pflege hat es die nächsten 20 - 30 Jahre Bestand.

ESCHE

Fraxinus spp.

Dieser große Laubbaum ist in nahezu jeder Klimazone der nördlichen Erdhalbkugel anzutreffen. Es gibt über 50 Arten, aber die beiden bekanntesten und beliebtesten sind die nordamerikanische Weißesche (Fraxinus americana) *und die Gemeine Esche* (Fraxinus excelsior).

*Die gewöhnliche Weißesche (*Fraxinus americana*).*

Die Gemeine Esche kann über 35 Meter hoch werden und war daher Jahrhunderte lang im Landschaftsbau geschätzt. Es gibt viele kultivierte Formen: klein, hängend und mit buntem Laub. Die Manna-Esche *(Fraxinus ornus)* ist eher strauchartig als aufrecht und wird wegen ihrer duftenden, cremefarbigen Blüten im Spätfrühling bewundert. Ihre Blätter verfärben sich im Herbst zu einem tiefen Rotviolett.

Die Esche war vor allem für die Wikinger von Bedeutung. Sie glaubten, dass die Sterne in der Baumkrone der Weltesche Yggdrasil hingen. Die alten Griechen verehrten die Eschennymphen Meliai als Pendant zu den Dryaden, die in den Eichen lebten.

Das harte helle Eschenholz ist sehr wertvoll. Der Begriff Esche kommt von dem altenglischen Wort „aesc" und bedeutet Speer. Das Holz hat eine gerade verlaufende Struktur und ist sehr biegsam. Die Esche bekommt ihre Blätter spät und wirft sie früh wieder ab. Eine – allerdings nicht belegte – Bauernregel besagt, dass man am Laub der Esche das sommerliche Wetter vorhersagen kann:

Treibt die Esche vor der Eiche,
hält der Sommer große Bleiche.
Treibt die Eiche vor der Esche,
gibt's im Sommer große Wäsche.

Trotz ihrer kurzen Wachstumssaison ist die Esche ein schnell wachsender Baum. Ihre geflügelten Samen sorgen dafür, dass sie häufig unter den ersten ist, wenn es darum geht, gerodete Flächen oder Ödland zu erobern. Und ihr Holz hat sogar frisch geschlagen einen sehr geringen Wassergehalt (im Winter können es 35% sein) und eignet sich bestens als Feuerholz.

AHORN

Acer spp.

Es gibt auf der Erde mehr als 150 Arten der Gattung Ahorn, darunter so große wie den Spitzahorn (Acer platonoides) *– ein beliebter Park- und Straßenbaum – oder die spektakulären bunten Exemplare der herbstlichen Ahornwälder in Neuengland. Es gibt kleine japanische Versionen, die nicht nur Gärten verschönern, sondern als Miniaturbäume auch bei Bonsaifreunden beliebt sind.*

DIE FARBE DES AHORNS

Der Ahorn ist ein mittelgroßer bis großer Baum, der bis zu 45 Meter hoch werden kann. Die meisten Sorten werfen ihr Laub ab und fallen vor allem im Herbst auf, wenn sich ihre Blätter eindrucksvoll gelb, orange und dunkelrot verfärben.

Ahornbäume produzieren geflügelte Samen, die sich wie Propeller drehen. Bei starkem Wind können sie große Entfernungen zurücklegen. Forstwirte bezeichnen die Familie der Ahornbäume als invasive Pionierpflanzen, denn sie bevölkern schnell frisch gerodete Flächen.

Da das Ahornholz gut schwingt, verwendet man es gerne für den Bau von Geigen, Gitarren und Schlaginstrumenten.

Der Zuckerahorn (Acer saccharum) *stammt aus den Wäldern Nordostamerikas.*

Für viele ist der Ahorn ein Synonym für Kanada. Es überrascht, dass er offiziell erst seit 1996 das Wahrzeichen Kanadas ist, obwohl er bereits 1965 auf der Nationalflagge auftauchte. Kanada produziert über 80% des Ahornsirups weltweit, das meiste stammt aus Quebec. Den Sirup liefern ein halbes Dutzend Sorten des Nordamerikanischen Ahorns. Diese Bäume bereiten sich auf die Wachstumsperiode vor, indem sie einen energiereichen Saft produzieren. Der Saft des Zuckerahorns *(Acer saccharum)* ist besonders süß und hat einen Zuckergehalt von etwa 2%. Der Saft wird geerntet, indem ein Loch in den Stamm gebohrt wird. Ein ausgewachsener Baum produziert ungefähr 45 Liter Saft im Frühjahr. Dieser wird dann auf etwa einen Liter Sirup eingekocht und traditionell auf Waffeln und Pfannkuchen gegessen.

WIE MAN EINEN BONSAIBAUM ZIEHT

Bei der japanischen Kunst, winzige Bäumchen in Töpfen zu ziehen, geht es allein um Ästhetik: einen kleinen Miniaturbaum zu schaffen, den man sich gemütlich in den eigenen vier Wänden ansehen kann.

Züchter bevorzugen der Optik wegen Arten mit kleinen Blättern oder Nadeln, dabei kann fast jeder Baum oder Strauch als Bonsai kultiviert werden. Um Zeit zu sparen, beginnen manche den Bonsai mit einem Ableger *(siehe Seite 112)* und lassen ihn dort wurzeln, wo er Seitentriebe entwickelt. Das Schneiden beginnt bei den Zweigen und einem kurzen Stämmchen.

BONSAIS PFLEGEN

Man wickelt Kupfer- oder Aluminiumdraht um die Zweige, um sie langsam in die gewünschte Form zu bringen. Das geht am besten bei jungen Trieben, deren Holz noch weich und grün ist. Das Schneiden von Stamm, Zweigen oder Wurzeln verlangsamt das Wachstum. Die Blätter werden übers Jahr vereinzelt entfernt, um dem Baum Form zu geben. Man muss den Baum ein Leben lang vorsichtig zurückschneiden, um sein Wachstum zu beeinflussen. Ein gut gepflegter Bonsai kann viele Jahre alt werden.

BONSAIS ZÜCHTEN

(1)

(2)

1. Füllen Sie eine flache Schale mit leichter, durchlässiger Erde – beispielsweise ein Mix aus Sand und Erde.

2. Das Beschneiden der Stammspitze hemmt das Wachstum und lässt den Baum kompakter werden. Das Beschneiden der Zweigspitzen bestimmt die Form des Baums. Durch das gezielte Entfernen einzelner Blätter verstärkt man den Eindruck eines „Miniaturbaums".

(3)

3. Der Baum sieht älter aus, wenn man die Zweige von ihrer Rinde befreit, sodass der Stumpf verwittert wirkt.

(4)

4. Das bisschen Erde im Topf trocknet schnell aus und muss daher regelmäßig gegossen und gedüngt werden.

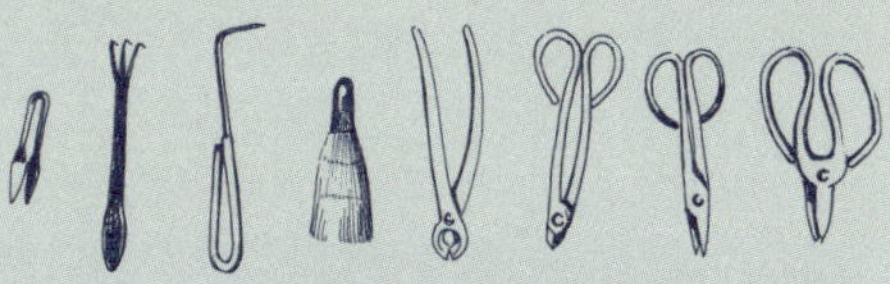

Gartenwerkzeuge, die speziell für die Pflege und Gestaltung von Bonsaibäumen entwickelt wurden.

VERLOBUNG

Der Zeitpunkt für die ersten Übergangsrituale steht schon neun Monate vor unserer Geburt fest: der Tag unserer Geburt und der Eintritt ins Erwachsenenalter. Die Wahl eines Lebenspartners ist dagegen eine bewusste Entscheidung und kann durch Ringtausch und das Geben eines Versprechens nach außen gezeigt werden. Und als weiteres Symbol dieser Vereinigung passt es, einen Baum zu pflanzen.

Wahl des Baumes

Ein Birnbaum passt perfekt, denn seine Frühlingsblüte spiegelt die glückliche Stimmung wider und verheißt Dinge, die noch kommen werden. Die reifen Birnen symbolisieren Fruchtbarkeit und Weisheit und locken zudem allerlei Tiere an. Insekten und auch Singvögel schätzen die Früchte. Die Birne blüht schnell, und sogar ein junger Baum setzt schon nach ein oder zwei Jahren Früchte an.

Die Birke ist mit ihrer reinen weißen Rinde ein Symbol für Jugend und Hoffnung und ebenfalls eine gute Wahl. Sie wächst schnell und ist relativ widerstandsfähig. Im Sommer bietet ihr schimmerndes Laub einen wunderschönen Anblick, doch noch schöner ist sie eigentlich im Winter, wenn sie sich vor all dem Grau und Braun der Umgebung abhebt.

Praktisches

Das Pflanzen eines Baumes bedarf einer Menge Vorbereitungen und Überlegungen – vor allem, wenn der Baum für endlose Liebe und Hingabe stehen soll. Sorgen Sie also dafür, dass er den bestmöglichen Start in sein Leben bekommt. Wählen Sie einen geeigneten Platz, wo er optimal mit Wasser versorgt ist. Auch sollte dieser leicht zugänglich sein, nicht nur anfangs, sondern auch bei Ihren regelmäßigen Besuchen in den kommenden Jahren. Pflanzen Sie den Baum im späten Herbst oder im Frühjahr, wenn der Baum noch ruht, aber der Boden frostfrei ist. Stützen Sie ihn mit einem Pfahl gegen die Winterstürme und halten Sie Kaninchen und Hirsche fern, indem Sie den Stamm entsprechend behandeln *(siehe Seite 28)*. Vergessen Sie nicht die Plakette mit den wichtigsten Infos *(siehe Seite 11)*.

INSPIRATION

In den 1560er Jahren flüchtete die junge Königin von Schottland, Mary, vor ihrer unglücklichen Ehe mit Lord Darnley, und fuhr mit ihrem italienischen Sekretär, David Rizzio, nach Melville Castle in Schottland. Der Legende zufolge pflanzte Rizzio aus Liebe zur Königin eine Edelkastanie *(Castanea sativa)* ans Ufer des North Esk River. Wenn das stimmt, hat sich der Baum erstaunlich gut gehalten und steht 450 Jahre später immer noch auf dem Anwesen des Schlosses – ein bleibendes Andenken an eine unter einem schlechten Stern stehende Liebe.

WIE MAN EINEN BAUM VEREDELT

Die Samen vieler Bäume, die sich über Bestäubung fortpflanzen, enthalten einen Gen-Mix vom Elternbaum und vom Bestäuber. Sie bringen einen Keimling mit einer Kombination zufälliger Eigenschaften hervor, was dann ein Problem ist, wenn es um Frucht- und Blühbäume geht. In Gärtnereien vermeidet man dieses Problem durch Veredeln.

Veredeln bedeutet, dass man den Zweig eines gewünschten Baumes auf die Wurzeln eines anderen pfropft. So ist der Teil über der Verbindungsstelle des neuen Baumes genetisch identisch mit dem Elternbaum („Edelreis"), während der untere Teil den ursprünglichen Wurzelstock nachbildet. Der Wurzelstock verleiht dem neuen Baum bestimmte Eigenschaften, in erster Linie bestimmt er die Größe und Kraft der Pflanze.

Es ist wenig verwunderlich, dass in einer Welt mit kleinen Gärten und hohen Grundstückspreisen Kleinwüchsigkeit zu den meistgesuchten Pflanzeneigenschaften gehört. So stammen zum Beispiel – unabhängig davon, ob es sich um einen Zier- oder Fruchtbaum handelt – alle Zwergsorten von einer Handvoll Elternwurzeln ab.

BAUMVEREDLUNG IN EINZELNEN SCHRITTEN

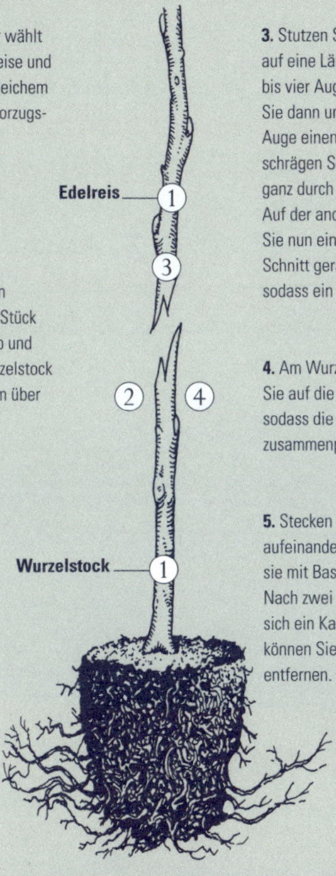

1. Im späten Winter wählt man gesunde Edelreise und Wurzelstöcke mit gleichem Durchmesser aus, vorzugsweise 2,5 cm.

2. Schneiden Sie ein etwa 23 cm langes Stück über einem Auge ab und kürzen Sie den Wurzelstock auf etwa 15 – 30 cm über dem Boden.

3. Stutzen Sie das Edelreis auf eine Länge von drei bis vier Augen und bringen Sie dann unter dem letzten Auge einen ca. 5 cm langen schrägen Schnitt an, der fast ganz durch den Ast verläuft. Auf der anderen Seite setzen Sie nun einen kleineren Schnitt gerade nach oben, sodass ein 'V' entsteht.

4. Am Wurzelstock verfahren Sie auf die gleiche Weise, sodass die beiden Stöcke zusammenpassen.

5. Stecken Sie die Stöcke aufeinander und binden Sie sie mit Bast fest zusammen. Nach zwei Monaten, wenn sich ein Kallus gebildet hat, können Sie das Band wieder entfernen.

Mindestens 4 bis 6 Wochen lang zweimal täglich gießen. Mit der Hälfte der empfohlenen Düngemenge düngen.

APFELBAUM

Malus spp.

Der Apfel gehört heute zu den kultivierten Laubbäumen mit der größten Verbreitung. Die ursprünglich wilde Art, Malus sieversii, *wächst im kasachischen Tian-Shan-Gebirge. Ebenso wie seine bekannten kultivierten Arten* (Malus domestica) *werden die Bäume zwischen 5 und 13 Meter hoch und haben eine ausladende Krone sowie für einen Wildbaum ungewöhnlich große Früchte.*

*Der Holzapfelbaum (*Malus sylvestris*).*

Die Samen wilder Äpfel produzieren nicht immer einheitliche Früchte, doch die Babylonier beherrschten schon vor 4000 Jahren die Kunst des Veredelns. Später wurden kleinwüchsige Wurzelstöcke von Alexander dem Großen nach Europa gebracht. Durch das Veredeln kann man die gewünschten Eigenschaften ei-ner Pflanze weitergeben – auf diese Weise entstanden die ersten gezüchteten Varietäten.

Da sich Äpfel gut lagern lassen, eigneten sie sich hervorragend für die frühen Nomaden. Wahrscheinlich entstanden damals Apfelhaine an Lagerplätzen – lange bevor das erste Korn angebaut wurde. Der amerikanische Pionier John Appleseed (eigentlich John Chapman, 1774 – 1845) ist berühmt dafür, den Westen urbar gemacht zu haben, weil er auf seinen Reisen Apfelbaumkeimlinge pflanzte und verteilte.

Die Bedeutung des Apfels zeigt sich in den Mythen vieler Kulturen. Eine der zwölf Arbeiten des Herkules bestand darin, den Goldenen Apfel vom Baum des Lebens zu pflücken. In der Mythologie der Wikinger verliehen Äpfel den germanischen Göttern Unsterblichkeit. Und am berühmtesten ist wahrscheinlich die Erzählung der Vertreibung aus dem Paradies, nachdem Eva der Versuchung nicht widerstehen konnte und von der „verbotenen Frucht“ aß.

Heute gibt es weltweit um die 7.500 kultivierte Apfelsorten. Einer der beliebtesten Äpfel der Welt, der Granny Smith, wurde nach einer Emigrantin benannt, die es nach Australien verschlagen hatte: Maria Ann Smith. Sie hatte in den 1870er Jahren einen vielversprechenden Keimling auf ihrem Komposthaufen in Sydney entdeckt.

BIRKE

Betula spp.

Die Familie dieses Laubbaums der nördlichen Halbkugel bringt man vor allem mit sauren Böden in Verbindung. Birken gehören zu den wichtigsten Bäumen im größten Waldgebiet der Welt: der Taiga. Dies zieht sich von Alaska über Kanada und Skandinavien bis nach Russland.

Birken sind niedrige Laubbäume, die vornehmlich in kalten oder gemäßigten nördlichen Breiten wachsen. Ihre Blätter sind einfach, gezackt oder spitz zulaufend, aber ihr Hauptmerkmal ist wohl die harzige Rinde, die häufig so leuchtet, dass man von der Silberbirke *(Betula pendula)* spricht. Die Birkensamen sind flüchtig und leicht und werden rasch durch die Luft auf jede Art von Ödland getragen, das nicht übermäßig von Hirschen oder Vieh abgegrast wird. Die harzige Rinde wird vom Menschen seit der letzten Eiszeit vielfältig genutzt. Selbst nass ist das Holz durch sein Ölgehalt leicht entzündbar, weshalb es früher in jede Zunderbüchse gehörte, bevor es Streichhölzer gab. Die Rindenfasern lassen sich zerkleinert und gesponnen sogar zu Schnüren oder gar Stoffen verarbeiten, und große Rindenstücke geben ein haltbares Schreibpapier ab. Besonders große Rinden wurden von den amerikanischen Ureinwohnern als Baumaterial für ihre Kanus genutzt.

Auch wenn die Birke nicht gerade als Nahrungsmittel

bekannt ist, wird ihr Saft geschätzt. In Nordeuropa und Asien werden im Frühjahr viele Bäume angezapft, um den zuckrigen Saft zu ernten. Die wässrige grünliche Flüssigkeit wird entweder frisch getrunken oder fermentiert, um daraus ein leichtes Bier herzustellen.

Die Rinde der Schwarzbirke, eine Birkenart Nordamerikas, ist (anders als bei den meisten Birken) rau und schwarz-braun.

VERWENDUNG DES HOLZES

Das Holz ist weich, hell und hat einem reizvollen Glanz, der von den natürlichen Harzen stammt. Durch seine attraktive Maserung eignet es sich besonders als Furnierholz. Birkenholz hat eine gute Resonanz und findet daher für Klangkörper von Trommeln, Gitarren und Lautsprechern Verwendung.

OLIVE

Olea europaea spp.

Dieser immergrüne Baum spielt in der Kultur fast aller Mittelmeerländer eine besondere Rolle. Andere Olivensorten stammen aus den warmen, tropischen Regionen Süd- und Australasiens. Der Olivenbaum liefert Öl, Früchte und edles Holz, kommt mit Trockenheit zurecht und ist extrem langlebig. Es ist ein faszinierender Gedanke, dass einzelne Exemplare dieses Baumes womöglich schon Jesus oder Aristoteles Schatten spendeten und bis heute stehen.

Der wilde Olivenbaum ist klein und gedrungen. Seine silbriggrünen Blätter sind länglich, die Blüten klein und weiß.

VERWENDUNG DES HOLZES

Der Olivenbaum hat dunkelgrünes, glänzendes Laub und wird selten höher als 15 m. Sein Stamm ist krumm und gewunden. Selbst alte Exemplare erzielen zwar einen großen Durchmesser, geben jedoch nicht viel Bauholz her. Das harte, gelblichgrüne Holz hat eine wunderschöne Maserung und wird von Drechslern und Tischlern gleichermaßen geschätzt.

Es ist die Frucht der europäischen Olive *Olea europaea*, die den Baum für den Menschen so wichtig macht. Das harte Fruchtfleisch ist reich an Speiseöl und eines der wichtigsten landwirtschaftlichen Erzeugnisse am Mittelmeer. Die Oliven sind erst grün und werden langsam dunkler, bis sie dann schwarz sind. Die Ernte der grünen Oliven beginnt im Spätsommer. Die dunkelsten Oliven werden erst im Winter geerntet. Die frische Frucht ist bitter und ungenießbar, aber mehrere Wochen gegärt und mariniert ergeben sie die berühmte Köstlichkeit. Das kostbare Öl gewinnt man, indem die Frucht zu einer Paste verarbeitet und dann unter hohem Druck gepresst wird. Das erste Öl der Pressung ist das teuerste, wogegen weitere Erträge unter verstärktem Druck oder durch Erhitzen von minderer Qualität sind.

Olivenbäume wachsen am besten auf alkalischen Böden, vorzugsweise nicht weiter als 60 km von der Küste entfernt. Sie brauchen die Hitze und vertragen große Trockenheit. Sie können sogar leichte Frostperioden überstehen.

HOCHZEIT

Einen gesunden Baum in den Boden zu pflanzen ist das perfekte Symbol für eine Hochzeit. Der Baum steht nicht nur für Hoffnung, Wachstum und Beständigkeit des neuen Lebensabschnitts zu zweit, sondern erinnert im Laufe der Jahre immer wieder an die Schönheit und Kraft der Ehe.

Praktisches

Im Allgemeinen werden Hochzeiten gut organisiert, und so dürfte es nicht schwer fallen, eine Baumzeremonie einzuplanen. Natürlich wollen dabei weder die Braut ihr weißes Kleid noch der Bräutigam seinen Smoking schmutzig machen, aber eine symbolische Schaufel Erde dürfte unproblematisch sein. Mit ein wenig Planung könnte das Brautpaar auch vor einem blühenden Kirschbaum fotografiert werden, der einige Monate zuvor gepflanzt wurde.

Wahl des Baumes

Der Frühling ist kulturell und spirituell eng mit der Hochzeit verbunden. Das erkennt man auch heute noch an Ritualen wie dem Konfettiregen, der Blütenblätter symbolisieren soll. Am besten eignet sich daher zur Hochzeit wegen ihrer Blütenpracht eine Kirsche. Eine Alternative dazu ist die Magnolie mit ihren wunderschönen Blüten. Diese alten Bäume werden von Käfern bestäubt, die Blütenblätter sind deshalb fest und haltbar. Einige der schönsten Arten stammen aus Asien.

Inspiration

Bäume, die dicht nebeneinander wachsen, verbinden sich manchmal von selbst – ihre Zweige, Stämme oder Wurzeln verschmelzen zu einem zweistämmigen Baum mit nur einer Laubkrone. Früher stand man staunend davor, vor allem, wenn es so aussah, als würde ein Baum einen Arm um den anderen legen. Man nannte das Phänomen „Hochzeitsbaum", auch wenn es genau genommen zwei Bäume waren.

Solche „Hochzeitsbäume" können auf natürliche Weise entstehen, wenn zwei Äste aneinander reiben und sich dadurch die äußere Rinde abschält, sodass die hormon- und saftreichen Innenfasern miteinander verwachsen. Man kann diese Verbindung aber auch bewusst herbeiführen, indem man zum Beispiel zwei nebeneinander gepflanzte Kirschbäume dazu erzieht, ihre Äste miteinander zu verbinden.

ALLEE DER LIEBENDEN

Dass Bäume miteinander verwachsen können, ist eine fast schon vergessene Gartenkunst, die früher einmal in den Formgärten der Schlösser beliebt war. Man gestaltete damit abgeschiedene Wege, damit der Adel unbeobachtet flirten konnte. Dazu wurden Bäume mit dünner Rinde in Reihen gepflanzt, beschnitten und die Äste vorsichtig miteinander verwoben. Die Rinde wurde absichtlich an den Verbindungsstellen verletzt, sodass die Äste mit der Zeit zusammenwuchsen und einen blickdichten Blätterwall bildeten.

EINEN NIEDERWALD NUTZEN

Eine der ältesten Formen der Waldbewirtschaftung ist wohl der Niederwald, bei dem die Bäume bis auf einen Stumpf zurückgeschnitten werden, aus dem dann neues Holz ausschlägt. Das mag zunächst radikal erscheinen, aber den Bäumen schadet es nicht. Auch die Tierwelt profitiert von der Mischung aus verschiedenen Bäumen, Sträuchern und dem Unterholz in unterschiedlicher Höhe. Dadurch, dass mehr Sonnenlicht bis auf den Waldboden dringt, können viele Pflanzen dort gut gedeihen.

Einige Bäume eignen sich besser als andere für diesen so genannten „Stockausschlag“: Haselnuss, Eiche, Esche, Kastanie und Buche produzieren ein Holz, das man auch mit geringem Durchmesser gut nutzen kann. Traditionell schlägt man das Holz im 7- bis 15-jährigen Zyklus. Ein kleines Waldstück wird kahl geschlagen, wobei die Wurzeln unbeschadet bleiben und die Stümpfe ein Stück aus dem Boden hervorsehen müssen. Die Sämlinge von Nachbarbäumen wurzeln, und aus den Stümpfen wachsen neue Triebe. Diese locken Insekten an, wodurch wiederum mehr Vögel kommen, aber auch Wild und Kleintiere wie Kaninchen finden sich ein, um sich an dem jungen Laub zu laben.

In wenigen Jahren sind die Triebe aus den Stümpfen kopfhoch und das Laubdach hat sich wieder geschlossen.

STOCKAUSSCHLAG

1. Ein Waldstück junger Bäume, üblicherweise zwischen 7 und 15 Jahre alt, wird ausgewählt.

2. Die Bäume werden gefällt, und zurück bleiben nur die Stümpfe, knapp über dem Boden.

3. In nur wenigen Monaten schlagen neue Triebe aus den Stümpfen aus.

4. In weiteren 7 bis 15 Jahren haben die Bäume ihre ursprüngliche Größe erreicht und der Prozess beginnt von vorn.

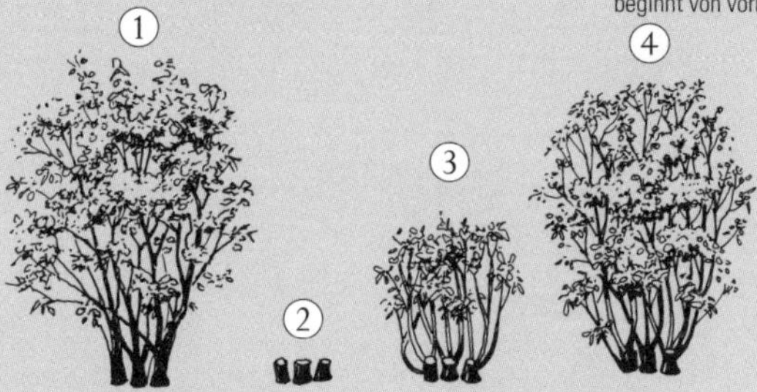

Ein zurückgeschnittener Baum kann wesentlich älter werden als ein ungestutztes Exemplar.

Dann muss der Bodenbewuchs wieder zurückstecken, und Menschen, Pflanzen und Tiere wiederholen den Vorgang im nächsten Waldstück.

Früher wurden die gefällten Bäume vor Ort mit allen Teilen verarbeitet. Aus kleineren Haselnusszweigen webte man Körbe und Flechtwände. Birken- und Buchenreisig wurden gebündelt und mit einem festen Stock zu einem Besen verbunden. Weniger biegsames Holz konnte man hingegen in dünne Lagen schneiden und über Dampf biegen, um Holzkörbe daraus zu fertigen. Größere Hölzer wurden in Köhlereien zu Brennstoff verarbeitet.

BAUMHASEL

Corylus spp.

Die Baumhasel war einer der ersten Bäume, den sich die frühen Jäger und Sammler zu Nutze machten, als sie den schmelzenden Gletschern nach Europa folgten – vor mehr als 9.000 Jahren.

Es gibt mehr als ein Dutzend Arten dieses kleinen (bis zu 10 m hohen) Laubbaumes, in den gemäßigten Klimazonen der nördlichen Hemisphäre. Alle produzieren eine höchst proteinhaltige Nuss, die sich bis in den tiefen Winter hinein hält. Kommerziell gezogene Haselnüsse kommen in Europa aber meist von der Gemeinen Hasel *(Corylus avellana)* oder der Lambertshasel *(Corylus maximus)*, welche aus der Kaukasusregion stammt. Die Bäume produzieren mehrere Stämme knapp über dem Boden und sind daher gut für den Niederwald geeignet *(siehe Seite 52)*. Die Baumhasel ist selbst nicht besonders langlebig und wird nur ca. 70 Jahre alt, dennoch können geschlagene Bäume mehrere Hundert Jahre weitertreiben.

Die frühen Siedler konnten die Baumhasel problemlos fällen und schlugen auf diese Weise Lichtungen in den ursprünglichen Urwald, der sich damals noch über Europa ausbreitete. Das Holz wurde wahrscheinlich zur Herstellung von Bogen für die Jagd genutzt, später machte man aus den runden dickeren Zweigen Griffe für allerlei Werkzeuge. Längsgespaltene Zweige eigneten sich für das Flechten von Zäunen – oder sie wurden gebogen und geschnürt, um die Drehbänke anzutreiben, mit denen die damaligen Drechsler grobe Möbelstücke herstellten. Auch die dicksten Stämme konnte man relativ leicht zu Feuerholz verarbeiten und die gebündelten Äste wurden in den Köhlereien zu Holzkohle verarbeitet. Der Begriff „Hasel“ kommt von dem angelsächsischen Wort haesel und bedeutet „Kappe“. Er verweist auf die Fruchthülle, in der sich die essbare Nuss entwickelt. Diese ist so ölhaltig, dass die Bauern früher damit ihr Holz polierten. Man reibt das zuvor mit Sand bestreute Holz kräftig mit Nusskernen ein – das Ergebnis ist ein wächserner Glanz.

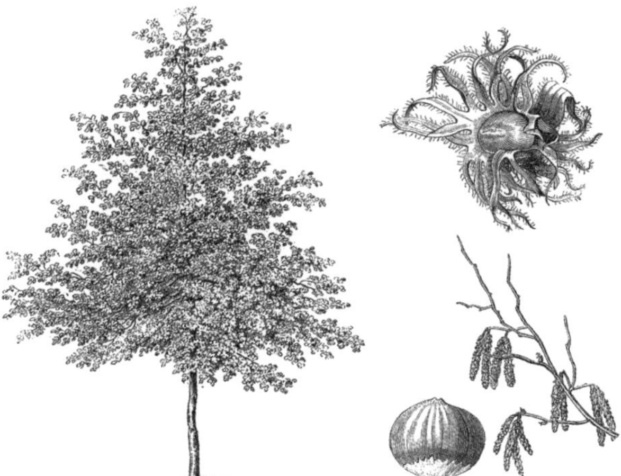

Die Türkische Hasel (Corylus corlurna). *Die männlichen Blüten bilden Kätzchen, die bis zu 5 cm lang werden und sich im Februar öffnen. Aus den buschigen weiblichen Blüten entstehen die Nüsse.*

KIRSCHE

Prunus spp.

Die Kirsche stammt von der nördlichen Halbkugel. Ihre fleischigen, süßen Früchte sind kälteempfindlich, werden von Tieren erbeutet, stehen nur eine kurze Zeit am Baum und lassen sich schlecht lagern. Trotzdem war die Kirsche immer hochgeschätzt.

Die wilde Vogelkirsche (Prunus avium).

Kirschbäume kommen in unterschiedlichen Größen vor, von klein über mittel bis groß, wobei sie bis zu 30 m hoch werden können. Sie besitzen eine symmetrische Krone und eine leicht violette Borke, meist schwarzgrau gestreift. Im Frühling entwickeln sie weiße oder rosa Blüten, die Früchte sind im Sommer bis Spätsommer reif.

Die kultivierten Arten stammen von zwei Wildkirschen ab, der *Prunus cerasus* und der *Prunus avium*, die im südöstlichen Europa beheimatet sind. Die Perser waren die Ersten, die sie domestizierten, doch die Römer brachten sie schließlich mit der Ausbreitung ihres Imperiums auch nach West- und Nordeuropa. Es gibt zwei essbare Kirscharten: Süßkirschen und Sauerkirschen. Erstere stehen nur kurz am Baum, sind nicht lange haltbar und werden am besten frisch gegessen.
Sauerkirschen dagegen (z.B. die Weichselkirsche) sind zu sauer zum frischen Verzehr, eignen sich aber hervorragend für die Küche.

Das Holz der Kirsche hat eine schöne Maserung und wird daher von Tischlern und Instrumentenbauern geschätzt.

KIRSCHBLÜTENFEST

Kirschbäume bringen herrliche rosa oder weiße Blüten hervor, die in Japan mit dem Hanami-Fest gefeiert werden. Dies beginnt im subtropischen Süden des Landes im späten Januar und endet im bergigen Norden im frühen Mai. Die Kirschblüte ist für die Japaner so wichtig, dass im Fernsehen die aktuelle „Kirschblütenfront“, Sakura zensen, gemeldet wird.

WEIN

Vitis spp.

Auch wenn der Wein auf den ersten Blick kein Baum ist, gehört er doch zu den wichtigen Gehölzen und kann durchaus die Größe eines kleinen Baumes erreichen – wenn man ihn lässt. Der verkrüppelte Anblick dieser schon seit Tausenden von Jahren kultivierten Pflanze hängt nämlich ausschließlich mit dem starken Rebenschnitt zusammen.

Die handtellerförmigen, gelappten Blätter von Vitis vinifera (Weinrebe).

Es gibt etwa 60 Rebenarten, die bekannteste ist wohl die aus Südeuropa stammende *Vitis vinifera*. Sie wird so beschnitten und erzogen, dass möglichst viel Licht an die Trauben gelangen kann. Ihr Hauptmerkmal sind daher auch die Beeren. Der Wein war, wie der Olivenbaum *(siehe Seite 48)*, eine der ersten Pflanzen, die der Mensch kultivierte. Die süßen Früchte sind sowohl frisch als auch getrocknet köstlich, doch das berühmteste und haltbarste

Produkt ist der fermentierte Saft der Trauben. Der Weinbau ist mehr als 8.000 Jahre alt und begann wahrscheinlich am Kaspischen Meer, wo die Weinreben heimisch sind. In China gibt es allerdings Hinweise auf einen noch älteren Ursprung, und im Grab des Pharaos Tutanchamun wurden Weinkrüge gefunden. Fest steht, dass 4.500 v. Chr. in Griechenland Wein angebaut wurde.

Weinreben sind überraschend widerstandsfähig, auch wenn sie nur in warmen, sonnigen Regionen reichlich Frucht tragen, und wurzeln tief auf der Suche nach Wasser. Sie können sich stark ausbreiten, wenn man sie nicht zurückschneidet, vor allem, wenn sie an einer Wand oder an anderen Bäumen Halt finden. Ein Weinstock eignet sich daher bestens für kleinere Gärten, denn er wird schnell an Rankhilfen zum Dach eines schattigen Plätzchens. Wild wachsend hat der Wein 200 bis 300 Knospen. Aus diesen können sich Trauben bilden. Damit die Früchte hochwertiger sind und auch noch in der nächsten Saison gedeihen, muss man die Reben beschneiden.

Im 19. Jahrhundert wurden die europäischen Weinberge durch die Reblaus vernichtet – ein Insekt, das aus Nordamerika eingeschleppt wurde. Der Weinanbau konnte nur gerettet werden, weil man alte Weinstöcke auf Wurzelstöcke einer amerikanischen Sorte *(Vitis labrusca)* aufpfropfte, die gegen die Reblaus resistent war.

FRUCHTBARKEIT

Seit Menschengedenken werden Bäume und Fruchtbarkeit in einen engen Zusammenhang gebracht. Das Pflanzen eines Baumes ist ein bedeutsames Ritual, wenn wir uns entschieden haben, eine Familie zu gründen. Ein Baum – zu Beginn der Schwangerschaft gepflanzt – ist ein Symbol für das wachsende Leben im Mutterleib und für alle Hoffnungen, die dieses unsichtbare Leben begleiten.

Spiritualität

Bei den Druiden galten Eichen und Misteln als Heilmittel gegen Unfruchtbarkeit. In vorchristlicher Zeit waren Stechpalmen und Eiben mit ihren roten Früchten ein Symbol für das Leben mitten im Winter. Im Mittelalter, während der Renaissance und auch heute finden sich in Kunst und Literatur viele Anspielungen auf Früchte – Kirschen, Feigen und Äpfel –, die allesamt für Fruchtbarkeit, sexuelle Unschuld und Begehren stehen.

Wahl des Baumes

Ein einzelner Baum mitten im Garten mag schön aussehen, pflanzt man ihn aber an eine Mauer, kann er die abstrahlende Speicherwärme nutzen. Auch ein kleiner Baum kann an überfüllten Orten noch einen Platz finden, zum Beispiel auf Dachgärten in der Stadt. Im Frühling wächst dann ein Blütenvorhang, und im späten Sommer sind die Früchte leicht zu ernten.

INSPIRATION

Die Verbindung von Schönheit und Ertrag wurde Jahrhunderte lang in ummauerten Gärten von Schlössern und Burgen gewürdigt. Besonders anschaulich wird dies beim Spalierobst an Wänden. Aprikosen, Birnen oder Kirschen wurden dafür vor eine Südwand gepflanzt, ihr Stamm und ihre Zweige wurden geschnitten und an den in der Wand verankerten Drähten erzogen. So erhielt man „flache“ Bäume in schönen Formen: gefächert, geometrisch oder in gleichmäßigen horizontalen Reihen. Solche Bäume sehen nicht nur schön aus, sie brauchen auch wenig Platz und werfen so gut wie keinen Schatten. Nur Geduld, Fürsorge und Liebe braucht man für diese Technik – alles, was auch gute Eltern ausmacht.

Praktisches

Bäume an Wandspalieren nutzen die in der Wand gespeicherte Wärme, sodass auch empfindlichere Arten in Lagen gedeihen können, die ihnen anders Schwierigkeiten bereiten. Besonders geeignet sind Aprikosen, Äpfel und Birnen. Die Größe der Wand spielt keine Rolle, sie sollte jedoch nach Süden oder Westen weisen, um so viel Sonne und Wärme wie möglich zu speichern. Je fetter der Boden desto besser, aber auch auf Dachterrassen lassen sich an kleinen Mauern Zwergformen in Töpfen ziehen. Gießen und Düngen sind dann besonders wichtig, denn Bäume in Töpfen trocknen schnell aus.

WIE BÄUME BESTÄUBT WERDEN

Fleißige Gärtner helfen ihren empfindlichen Pflanzen bei der Fortpflanzung. Wahre Liebhaber bestäuben mit einem Pinsel möglichst viele zarte Blüten, um Kreuzungen zu züchten. Menschen haben seit Generationen die Fruchtbarkeit von Obstgärten und Wäldern angekurbelt.

Die meisten Obstbäume brauchen Insekten zur Bestäubung.

Viele Bäume, wie Apfel, Birne und Kirsche, sind nicht selbstbestäubend, das heißt, sie müssen von einem anderen Baum der gleichen Art bestäubt werden. In Gärtnereien werden Baumgruppen gepflanzt, die gleichzeitig blühen. Insekten sind für die Fruchtbarkeit unerlässlich, denn während sich viele Bäume asexuell vermehren, sind die meisten Früchte und Nüsse von der Bestäubung durch Insekten abhängig. Fliegen, Bienen, Schwebfliegen, Motten und Schmetterlinge spielen dabei eine Rolle, aber am wichtigsten ist die domestizierte Honigbiene. Während Hummelvölker am Ende des Sommers nur 20 bis 30 Tiere umfassen, leben in einem Bienenstock 20.000 bis 50.000 Arbeitsbienen.

Imker sind entscheidend für die moderne Waldwirtschaft und den Obstanbau. Im Frühling stehen sie in der Nähe von Apfelbäumen, dann ziehen sie um auf Obstplantagen und später im Jahr in die höher gelegene Heidelandschaft. Viele Feigensorten können nur von einer einzigen Insektenart bestäubt werden. Ihre Blüten haben eine Öffnung, die nur eine bestimmte Wespenart hindurch lässt. Als die europäischen Feigen das erste Mal nach Nordamerika kamen, konnten die Bäume so lange keine brauchbaren Samen produzieren, bis man die entsprechende Wespenart ebenfalls einführte.

WITTERUNGSABHÄNGIGE BESTÄUBUNG

Einige Bäume verzichten auf die Bestäubung durch Insekten und sind stattdessen auf das Wetter angewiesen. Haselnuss, Weide und Birke bilden im späten Winter „Kätzchen“ aus und benötigen den Wind für ihre Bestäubung, da sie in kalten Klimazonen leben, wo während der Blütezeit wenige Insekten fliegen.

FEIGE

Ficus spp.

Viele der 850 Arten sind parasitär und gelten als Würgepflanzen. Sie stützen sich an einen anderen Baum, den sie allmählich ersticken. Feigen waren für die Kulturen des alten Ägyptens, der Griechen und Römer von entscheidender Bedeutung und spielen in vielen östlichen Religionen bis heute eine Rolle.

Die Feige ist eine der ersten Pflanzen, die in der Bibel besondere Erwähnung finden. Sie gehört zu den in der Thora genehmigten Nahrungsmitteln, und im Koran ist ein Kapitel nach ihr benannt. Der „Weltenbaum" der Hindus ist ein Feigenbaum. Buddha wurde unter einer Pappelfeige, *Ficus religiosa*, erleuchtet.

Während der punischen Kriege veranschaulichte Cato der Ältere dem Senat mit einem Korb reifer karthagischer Feigen die Nähe des rivalisierenden Königreichs zu Rom, um 149 v. Chr. den Krieg zu befürworten. Für den Menschen sind die meisten Feigen ungenießbar, für die Nahrungskette des Regenwaldes aber sind viele wilde Sorten wichtig. Eine Ausnahme bildet die Echte Feige, *Ficus carica*, die wahrscheinlich aus Westasien stammt und seit Tausenden von Jahren von den Menschen der Mittelmeerregion kultiviert wird. Feigenbäume eignen sich gut für größere Gärten (erwachsene Exemplare können bis zu 15 Meter hoch werden). Die Frucht ist eigentlich eine

Früchte und Blattwerk der Echten Feige (Ficus carica).

Blüte, die in einem fleischigen Überzug sowohl blüht als auch Samen ausbildet. Sie ist sehr nahrhaft und gehört trotz ihres hohen Gehalts an Fruchtzucker zu den besten pflanzlichen Lieferanten für Antioxidantien , Ballaststoffe und Calcium. Feigen lassen sich gut trocknen und waren daher das perfekte Nahrungsmittel für frühere nomadische Bauern, lange bevor Getreide angepflanzt wurde.

KULTURELLE BEDEUTUNG

Die Feige wurde lange Zeit mit der Fruchtbarkeit in Verbindung gebracht. Da mutet es ironisch an, dass die Geschlechtsteile klassischer Statuen ausgerechnet mit Feigenblättern prüde bedeckt wurden – und zwar meistens im Nachhinein.

KOKOSPALME

Cocos nucifera

Die übergroßen Samen dieser hochgewachsenen, schwankenden Palme sind besonders schwimmfähig und salzresistent. Auf diese Weise kann der Baum seine Samen mit den Strömungen der Ozeane verbreiten und erreicht damit fast jede Küste in den Tropen – sehr zum Vorteil der Menschen, die dort leben.

Die Kokospalme (Cocos nucifera).

Cocos nucifera ist ein Baum mit einem schlanken Stamm, der 30 m erreichen kann und mit einem Schopf spitzer Palmblätter gekrönt ist, unter denen die Nüsse hängen. Jeder Baum kann jährlich bis zu 75 Kokosnüsse hervorbringen. Fast jeder Teil der Palme lässt sich nutzen. Die Kokosnuss (keine echte Nuss, sondern eine von Gewebe umgebene Steinfrucht) enthält ein markiges, essbares weißes Fleisch, das reich ist an gesättigten Fettsäuren (90 %, damit übertrifft es tierische Fette wie Butter) und Spurenelementen wie Eisen, Zink und Phosphor. Gerieben und mit heißem Wasser verdünnt, lässt sich aus dem Fleisch „Kokosmilch" herstellen – unentbehrlich für die asiatische Küche.

Aus dem härtesten Teil des Baumes, der Schale, werden Schüsseln hergestellt. Zudem ergibt die feinporige Struktur der Kokosschale hochwertige Aktivkohle, die besonders gut Gase und Verunreinigungen absorbiert. So dienten Kokosnussschalen früher zur Produktion von Gasmasken.

Die strähnige äußere Hülle, das Kokosbast, kann gehäckselt zu einer groben Faser verarbeitet werden, aus der sich Seile, Lappen und Fußmatten herstellen lassen. Sie kann auch zu Briketts gepresst oder zu Pflanzsubstrat kompostiert werden.

Palmwedel sind ebenfalls von Nutzen: Legt man sie über ein Holzgerüst, bieten sie einen einfachen Wetterschutz. Auch kann man einzelne Blätter zu Körben und Matten weben. Die Blattrippe lässt sich schälen und zu haltbaren dünnen Spießen für Angelruten oder Pfeile biegen.

Aus dem Holz des Palmenstamms können Möbel hergestellt werden.

LANDWIRTSCHAFT IM ALTERTUM

Unsere Vorfahren betrachteten Bäume als integralen Bestandteil der Nahrungsmittelkette.

Hahnenspornweißdorn (Crataegus crus-galli).

Seit die Bauern der Bronzezeit erstmals den Wald rodeten, um Felder anzulegen *(siehe Seite 52)*, nutzte man Hecken, um den Viehbestand einzufrieden. Das Alter einer Hecke lässt sich an der Menge der darin vorkommenden Baumarten bestimmen: Jede Art steht dabei für rund hundert Jahre. Die Bauern der Frühzeit nutzten nämlich alle Setzlinge, die gerade zur Verfügung standen. Eine Hecke aus mehr als zehn Arten kann bis zu tausend Jahre alt sein.

Eine nur etwa 300 Jahre alte Einfriedung wurde hingegen bewusst mit Jungpflanzen gesetzt und besteht aus nur drei oder vier unterschiedlichen Arten.

Bis ins Mittelalter war es den Bauern erlaubt, die königlichen Jagdwälder Englands und Europas als Hütewälder zu nutzen. Die Schweinehirten durften im Herbst ihre Schweine in den Wald treiben und sie dort die Eicheln und Eckern fressen lassen.

Halbnomadische Stämme nutzten den Wald jahrtausendelang durch Brandrodung. Dabei wurden die Bäume gefällt und das Unterholz verbrannt, um so eine nährstoffreiche Lichtung zu schaffen, die so lange bestellt wurde, bis der Boden ausgelaugt war. Dann zogen die Menschen weiter und überließen das Landstück der natürlichen Wiederaufforstung.

Im kleinen Rahmen praktiziert, ist diese Methode nachhaltiger als die Rodung großer Waldflächen zur Gewinnung von Weide- oder Ackerland.

Es ist noch nicht lange her, da kappten die Bauern die Bäume etwa mannshoch. Diese Methode ist dem Stockausschlag *(siehe Seite 52)* ähnlich, mit dem Vorteil, dass die neuen Triebe in einer Höhe wachsen, wo sie vor Wildfraß geschützt sind. Zu gegebener Zeit wurden die Triebe geerntet, um Werkzeug oder Feuerholz daraus herzustellen.

Seit Jahrhunderten werden in Europa und Nordamerika Bienen gezüchtet, während man in Afrika, Asien und Südamerika wilden Honig sammelt. Die „Honigjäger“ klettern in die Baumkronen hinauf, um die Bienen ihrer süßen Erträge zu berauben.

GESUNDHEIT

Schwere Krankheiten können bewirken, dass wir unsere Prioritäten überdenken und neu definieren. Sie erinnern uns schmerzhaft daran, wie verletzlich der Mensch ist.

Symbolik

Ist die Krankheit erst einmal überstanden, gibt es nichts Lebensbejahenderes, als neues Wachstum zu hegen und zu pflegen. Es kann heilsam sein, einen schmächtigen Schössling langsam erstarken und Blätter ansetzen zu sehen; fast so, als würden wir unserer eigenen langsamen Genesung zusehen. Es erinnert an den Druiden in seinem heiligen Hain oder an unsere Urahnen, die erstaunt sahen, wie aus scheinbar totem Holz jedes Frühjahr neues Leben erwachte.

Inspiration

Die westliche Medizin geht auf Hippokrates zurück, der häufig auch als Vater der Medizin bezeichnet wird. Er war der erste Arzt, der die Medizin von der Religion trennte. Anstatt Krankheit als göttliche Strafe zu sehen, war sie für ihn auf Lebenswandel und Ernährung zurückzuführen. Hippokrates lehrte unter einer Platane auf der griechischen Insel Kos im 5./4. Jahrhundert v. Chr. Der Apostel Paulus soll unter demselben Baum gepredigt haben. Eine gewaltige, 500 Jahre alte Platane steht noch heute an dieser Stelle. Der Überlieferung zufolge handelt es sich um einen direkten

Abkömmling des einstigen Baumes. Die Bewohner der Insel Kos feiern bis zum heutigen Tage jährlich ein Ritual, das aus ihrer heidnischen Vergangenheit stammt: Im Spätsommer binden die ortsansässigen Frauen Kränze aus Platanenblättern. Die Kränze des Vorjahres werden ins Meer geworfen, und die neuen darin „getauft", bevor man dann die Platane des Hippokrates umfasst und um Kraft und ein langes Leben bittet.

Moderner Nachklang

Die Symbolik dringt aber noch viel weiter vor – bis hinein in die Institutionen der modernen Medizin. Samen und Ableger der Hippokrates-Platane wurden über den gesamten Erdball verschickt und bei medizinischen Hochschulen gepflanzt.

Wahl des Baumes

Eine Platane eignet sich sehr gut für jemanden, der allmählich wieder gesund wird. Die Götter werden sich geschmeichelt fühlen und der Kranke befindet sich in bester ärztlicher Gesellschaft.

Eine nahe liegende Alternative sind Bäume, die einen medizinischen Nutzen versprechen. Die Rinde der Weide enthält beispielsweise einen Wirkstoff, auf dessen Grundlage Aspirin entwikkelt wurde; viele Eukalyptusarten wachsen schnell und liefern wertvolle ätherische Öle. Und wer sehr geduldig und vorausplanend ist, der pflanzt eine Gemeine Eibe, denn sie ist bis heute die wichtigste Quelle für Taxane – ein wirksames Mittel in der Krebstherapie.

WIE MAN BÄUME GESUND ERHÄLT

Allzu oft bleiben Bäume nach dem Einpflanzen sich selbst überlassen. Wie alle lebenden Organismen profitieren aber auch sie von regelmäßiger Fürsorge und Ansprache.

Ein Schössling ist in vielfacher Hinsicht wie ein Kind: Er braucht Schutz vor der Witterung und vor fremden Einflüssen und benötigt zudem eine Menge Nahrung und Wasser, um fit zu bleiben. Bäume können ihr eigenes Wachstum behindern: Nach innen wachsende Zweige halten das Licht von der Mitte der Baumkrone fern, oder Zweige reiben sich. Schneiden Sie solche Stellen sorgfältig zurück, um das Wachstum nach außen zu lenken und der Pflanze eine vernünftige Form zu geben. Oft wird unterschätzt, wie viel Wasser ein neu gepflanzter Baum braucht. Wässern Sie das Pflanzloch gut und gießen Sie noch einmal nach, wenn der Baum eingesetzt ist. Schneiden Sie tote, kranke oder schwache Zweige säuberlich heraus und schützen Sie die Schnittstellen gegen Infektionen. Wenn ein Baum von ernsthaften Schädlingen und Krankheiten befallen wird, sollten Sie ihn behandeln. Obstbäume brauchen viel Aufmerksamkeit, wenn sich die Ernte lohnen soll – achten Sie auf Tiere, die Ihnen die Früchte streitig machen. Hirsche und Nager knabbern Sprossen und Rinden an – der Baum verliert seinen natürlichen Schutz und stirbt ab *(siehe Seite 28)*.

STÜTZEN & MULCHEN

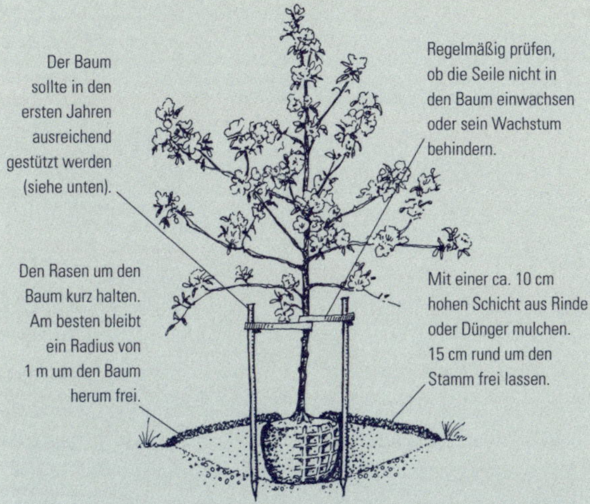

Durch die Reduktion anderer Pflanzen gelangen mehr Nährstoffe zu den Wurzeln. Mulch hält die Erde bei Trockenheit feucht.

PFLANZEN & PFLEGEN

Bei zu tief eingepflanzten Bäumen fault der Stamm. Die obersten Wurzeln sollten unter einer dünnen Erdschicht liegen. Gießen Sie junge Bäume in den ersten beiden Jahren regelmäßig. In Töpfen gepflanzte Bäume düngen sie jährlich und wechseln alle zwei Jahre die Erde. Auch hier gilt: regelmäßiges Wässern nicht vergessen!

EUKALYPTUS

Eucalyptus spp.

Es gibt über 700 Eukalyptusarten, von denen bis auf neun alle in Australien beheimatet sind und dort die nichttropischen Wälder dominieren. Der Eukalyptus ist auch als Blaugummibaum bekannt, viele Arten produzieren nämlich einen öligen Saft. An heißen Tagen verdampft er und zieht als charakteristischer bläulicher Dunst ab.

Es gibt drei Hauptarten von Gummibäumen. Die Waldbäume haben einen aufgeschossenen Einzelstamm mit einer relativ hohen, kleinen Krone. Mit über 100 m ist der *Eucalyptus regnans*, auch Rieseneukalyptus genannt, einer der größten Laubbäume der Welt. Er wird nur noch von den Mammutbäumen der nordamerikanischen Pazifikküste übertroffen. Ein Eukalyptuswald bildet ein dichtes Blätterdach, denn die Bäume verzweigen sich nach unten. Mallees sind mehrstämmige Eukalyptusarten, welche die ausgedörrte Landschaft des Buschlands in Australien beherrschen. Viele Eukalyptusarten werden heute weltweit als Zierbaum und wegen ihres schnellwachsenden Holzes kultiviert, vor allem in den Tropen.

Die meisten Eukalpytusarten sind immergrün, auch wenn viele ihr Laub während der Trockenheit abwerfen, um Wasser zu sparen. Die Blüten des Eukalyptus' bieten Insekten, Vögeln, Fledermäusen und Opossums reichlich Nektar. Das aromatische Öl lässt sich problemlos aus dem Laub raffinieren und wird als Schleimlöser, natürliches Insektenmittel und Reinigungsmittel genutzt. Die meisten Pflanzenfresser vertragen die Inhaltsstoffe des Öls nicht, aber Koalabären und Opossums ernähren sich vom Eukalyptuslaub. Das Öl wird in der dicken Bodenschicht aus Laub und Rinden in den Eukalyptuswäldern nur schlecht abgebaut. Dieses Unterholz ist leicht entzündlich, und verheerende Buschbrände können sich durch die ölgeschwängerte Luft leicht ausbreiten. Der Eukalyptus ist selbst bestens an solche Feuer angepasst, denn er vermehrt sich über feuerfeste Samen oder treibt aus den Wurzeln neu aus. Mensch und Tier kann jedoch schwerer Schaden zugefügt werden.

Eucalyptus robusta, *auch Swamp Mahogany genannt, stammt aus dem Osten Australiens.*

WOLLEMIE

Wollemia nobili

Bis vor Kurzem waren die letzten Zeugen der frühzeitlichen Wollemiafamilie zwei Millionen Jahre alte Fossilien (das älteste ist 200 Millionen Jahre alt). Das änderte sich abrupt, als der Ranger David Noble 1994 zufällig auf 100 ausgewachsene Exemplare stieß, die in einer Schlucht des Wollemi Nationalparks in den Blue Mountains wuchsen.

Er fand einen mittelgroßen Baum, der 17 Eiszeiten überlebt hatte. Diese Entdeckung kann man als das botanische Äquivalent zum Quastenflosser bezeichnen. Es handelt sich um die einzigen lebenden Mitglieder dieser Gattung, die man häufig als Pinie bezeichnet, obwohl das Laub des Baumes eher farnartig ist und er eine ungewöhnlich knotige Rinde hat.

Den genauen Fundort hält man geheim, denn es gibt nur noch knapp 100 Exemplare, die in der freien Natur in drei abgelegenen Schluchten wachsen. DNA-Analysen legen die Vermutung nahe, dass die Bäume genetisch von ein oder zwei Individuen abstammen. Sie sind massiv vom Aussterben bedroht.

Zum Glück können diese Bäume, anders als die meisten Koniferen, an der Stammbasis mehrere neue Stämme sprießen lassen. Naturschützer sind heute damit beschäftigt, weltweit Tausende von Setzlingen zu kultivieren, um sie vor versehentlicher Ausrottung zu schützen.

Die Setzlinge werden verkauft, um Spendengelder zu sammeln und die wenigen in der Natur verbliebenen Bäume für Pflanzendiebe unattraktiver zu machen.

GRÖSSE & WACHSTUM

Die Wollemie kann bis zu 40 Meter groß werden und einen Stammdurchmesser von 1 m erreichen. Obwohl sie aus dem subtropischen Klima stammt, toleriert sie Temperaturen von -5 bis 45°C und wächst auf einem leicht sauren Boden mit viel Licht recht schnell – fast 60 cm jährlich.

Die Wollemie ist ein „lebendes Fossil", von dem man dachte, es sei längst ausgestorben. Das älteste Wollemiafossil wurde auf ein Alter von 200 Millionen Jahren datiert.

WIE MAN DAS ALTER EINES BAUMES BESTIMMT

Mit dem Alter verändert ein Baum Form und Aussehen. Der Mensch weiß seit langem, dass man das Alter eines Baumes anhand der Wachstumsringe im Stamm bestimmen kann. Jeder Ring steht für ein Jahr. Dieses Muster ist bei Bäumen aus Regionen mit stark unterschiedlichen Jahreszeiten deutlicher, als bei Bäumen aus dem tropischen Regenwald, wo nur kleine Klimaveränderungen stattfinden.

Im frühen 20. Jahrhundert begründete der amerikanische Astronom A. E. Douglas (1867 - 1962) die Wissenschaft der Dendrochronologie.
Er stellte fest, dass historische Klimabedingungen und Sonnenaktivitäten sich anhand von Baumringen genau zurückverfolgen lassen. Ein feuchtes, warmes Jahr hinterlässt einen breiteren Ring als ein trockenes, das nur einen schmalen Ring zurücklässt. Ein besonders schlechter Sommer hinterlässt gar keinen Ring. Das Ringmuster eines Baumes ist somit eine Art „Strichcode", anhand dessen Wissenschaftler erkennen können, wie alt ein Baum war, als er gefällt wurde, und wie er innerhalb der vergangenen 26.000 Jahre gewachsen ist.

Wachstumsringe werden am deutlichsten sichtbar bei einem horizontalen Schnitt durch den Stamm. Bei einem gefällten Baum ist das leicht möglich, bei einem kostbaren Baumveteranen allerdings nicht. In diesem Fall löst man kleine Bohrkerne aus dem Stamm heraus, wobei der Baum Schaden nehmen kann. Bei hohlen Stämmen funktioniert diese Methode nicht. Die beste Lösung ist daher die Radiokarbondatierung, die nur ein kleines Stück Holz benötigt. Wenn eine Pflanze Wasser und Gas in Zucker verwandelt, dann ist ein kleiner Teil des Kohlendioxids das leicht radioaktive C14. Dieses zerfällt langsam. Von der Radioaktivität des Holzes können Wissenschaftler also ableiten, wie alt ein Baum ist. Die Verlässlichkeit dieser Methode konnte an einer ägyptischen Barkasse bewiesen werden, deren exaktes Alter durch die Hieroglyphen bereits bekannt war.

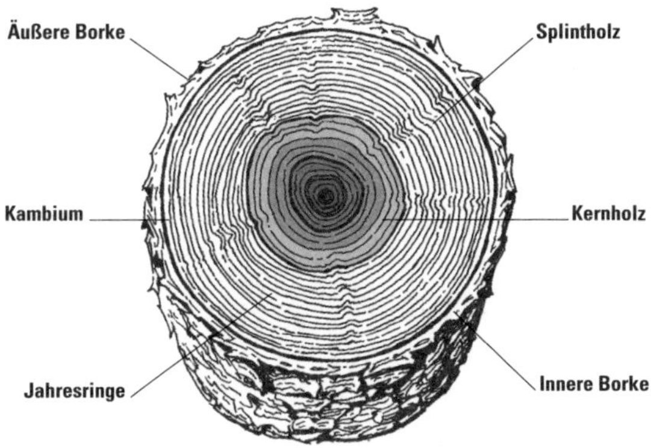

Die Ringe sind das Ergebnis jährlicher Wachstumsschübe. Der innere, hellere Ring bildet sich im Frühjahr, wenn das Wachstum relativ schnell vonstatten geht. Der äußere Teil, das „Spätholz", ist dichter und dunkler, weil es langsamer entsteht.

NEUANFÄNGE

Fast jeder erfährt in seinem Leben Umbrüche – Augenblicke, in denen das Leben plötzlich eine neue Wendung erfährt. Manchmal sind dies unerwartete Einschnitte, begleitet von Schmerz, Verlust und Veränderung.

Aber manchmal bedeuten sie auch einen Neubeginn. Karrieresprung, Umschulung, Selbstständigkeit, Umzug: neue Herausforderungen, denen es sich zu stellen gilt.

Solche Augenblicke sind eine gute Gelegenheit, innezuhalten und über die Vergangenheit und Zukunft nachzudenken. Es ist eine Zeit für neue Vorsätze und neue Versprechen. Die besten Absichten sind schnell wieder dahin, aber ein Baum ist eine lebendige Ermahnung, auf dem rechten Weg zu bleiben.
So wie die Zeit alle Wunden heilt, die uns vor dem Pflanzen eines Setzlings zugefügt wurden, dienen uns das Wachstum und die Gegenwart des entstehenden Baumes als dauerhafte Gedächtnisstütze.

Inspiration

Die Ojibwa-Indianer in den USA verehren den abendländischen Lebensbaum, aus dessen Holz sie das Gerüst ihrer Birkenrindenkanus bauen. Die Zweige werden ihres Dufts wegen im offenen Feuer verbrannt: ein Symbol der tiefen spirituellen Reinigung.

Wahl des Baumes

Was passt besser zum Aufschlagen eines neuen Kapitels als ein Lebensbaum? Vor allem fügt er sich gut in moderne Gärten ein, denn er wächst recht schnell und bleibt eher klein (ca. 18 m). Die Thuja-Exemplare Süd-Ontarios sind mit 1.350 Jahren die ältesten Bäume Nordostamerikas. Der Lebensbaum oder Thuja wird also jegliche noch so einschneidende Veränderung lange überleben und immer schön anzusehen sein.

Sich ein Ziel für die Zukunft zu setzen kann auch ein guter Anlass sein. Nicht jugendliche Ungeduld, sondern eine langfristige Bindung ist nötig, wenn man einen langlebigen, langsam wachsenden Baum wie den Mammutbaum, die Eiche oder Olive pflanzt. Weder Sie noch Ihre Erben werden diesen Baum vermutlich voll ausgewachsen sehen. So zeigt er deutlich, dass Sie die Veränderungen des Lebens voller Vertrauen annehmen.

Praktisches

Die Standortwahl ist für diese persönliche Geste besonders wichtig. Der Baum sollte an einer abgeschiedenen Stelle stehen, an die man sich gut zurückziehen kann, um ungestört innehalten zu können, denn es handelt sich hier um ein persönliches, lebendes Monument, das nur den Einzelnen und nicht die ganze Welt erinnern soll. Eine Plakette ist daher nicht nötig. Natürlich kann man ein kleines Schildchen anbringen, etwa mit einem Datum und seinen Initialen: eine geheimnisvolle Inschrift für die Betrachter künftiger Generationen.

WIE MAN DIE NATÜRLICHE TIERWELT FÖRDERT

Bäume sind an sich bereits von großer Schönheit, noch schöner werden sie durch die Tiere, die sie anlocken. Mit einigen wenigen Vorkehrungen kann man eine vielfältige Tierwelt unterstützen.

Vielfalt

Vermeiden Sie es, die einzelnen Pflanzenarten in ordentliche Reihen zu setzen. Sorgen Sie stattdessen für eine lockere Anordnung, um so die Natur nachzuahmen, denn dort wachsen die Setzlinge auch in Grüppchen um den Elternbaum herum. Heimische Baumarten sind für die Tierwelt am besten. Mischen Sie schnell wachsende Kolonialpflanzen (Birke, Ahorn) mit Fruchtbäumen (Eberesche, Vogelkirsche) und langsam wachsenden, dominierenden Hartholzgewächsen (Eiche, Buche).

Schutz & Nahrung

Breitblättrige Laubbäume bieten einen guten Lebensraum, aber die immergrünen Koniferen geben auch im Winter Schutz, und ihre Zapfen sind sowohl für Vögel als auch für Säugetiere eine willkommene Nahrungsquelle. Alte Bäume bieten natürliche Höhlen. Um auch junge Bäume für die Tierwelt attraktiv zu machen, kann man Nistkästen für Vögel und Fledermäuse in verschiedenen Größen und Formen an größeren Bäumen in unterschiedlicher Höhe aufhängen. Kleinere wetterfeste Behälter können

Ein Nistkasten für Schleiereulen.

Sie, mit Wellpappe ausgelegt, als Insektenhotels aufhängen. Holzkästen auf dem Boden, bedeckt mit Zweigen und Blättern, sind optimal für Nützlinge wie Igel.
Ältere Baumbestände bieten ein reichhaltiges Nahrungsangebot. Solange die Sämlinge heranwachsen, sollten Futterstationen in verschiedenen Höhen bereitgestellt werden. Vielfalt ist der Schlüssel, wenn Sie unterschiedliche Tierarten anlocken wollen. Solche Futterstationen ziehen immer auch Feinde an, positionieren Sie sie also möglich geschützt. Eichhörnchen und Krähen nehmen gerne Futterquellen für sich allein in Beschlag, deshalb sollten Sie regelmäßig nach dem Rechten sehen.

Bäume benötigen ein sorgsames Management, aber wenn Sie den Bewuchs ausdünnen und zurückschneiden, dürfen Sie die Asthaufen ruhig liegen lassen. Diese verrotten und sind Nahrung für wirbellose Tiere wie Käfer, von denen sich wiederum die Vögel ernähren. Auch Nagetiere und Eidechsen suchen Zuflucht unter solchen Holzresten.

LÄRCHE

Larix spp.

Es gibt etwa ein Dutzend Mitglieder dieser Nadelbaumgattung, die sich über die kälteren Regionen der nördlichen Hemisphäre ausbreiten. Die Bäume wachsen in mittleren bis hohen Gebirgslagen in Europa und Zentralasien und gehören zu den wichtigsten Nadelbäumen der Taiga in der borealen Tiefebene unterhalb des Polarkreises.

LAUBFALL

Das Besondere an der Lärche ist, dass es sich um einen sommergrünen Nadelbaum handelt, der jeden Herbst seine Nadeln abwirft, um Feuchtigkeit zu sparen. Seine Rinde hat eine rostige Färbung, und die Zapfen sind relativ klein und bleiben noch lange an den Zweigen hängen, nachdem die Nadeln abgefallen sind.

Viele Lebewesen hängen von der Lärche ab. In den kalten Breiten, in denen sie gedeiht, ist sie die einzige Nahrung für mehrere Mottenarten. Im Winter sind Eichhörnchen und Vögel auf die Zapfen angewiesen. Raubvögel schätzen diesen Baum für den Nestbau, weil sie im späten Winter leicht durch die nackten Äste schlüpfen können und später beim Nadelwuchs eine gewisse Abgeschiedenheit genießen. Beim Nestbau dienen ihnen die Zweige und harzigen Nadeln als natürlicher Insektenschutz.

Die Lärche ist einer der beliebtesten Bonsaibäume *(siehe Seite 38)*, weil sie durch ihre feinen Nadeln und die knotige Rinde von vornherein wie ein ausgewachsener alter Baum wirkt. Das frische Holz ist orange wegen des harzigen Saftes, der als ein natürliches Konservierungsmittel dient. Es ist wasserfest und verrottet nicht, sodass es sich besonders für den Schiffbau eignet. Bauern nutzen Lärchenholz, um in feuchten Gebieten Zäune zu ziehen. Wegen seiner geraden und astlochfreien Maserung bietet es sich – vor allem bei großen Bäumen, die bis zu 50 Meter hoch werden können – als wertvolles Bauholz an. Lärchen werden in Nordamerika und Europa gezüchtet .

Die Europäische Lärche (Larix decidua) *ist eine in den Höhenlagen Mitteleuropas heimische Lärchenart. Sie ist besonders frostfest und kann Temperaturen bis -45°C aushalten.*

KAUTSCHUKBAUM

Hevea brasiliensis

1876 drang der Engländer Henry Wickham ins Herz des Regenwaldes am Amazonas vor, um ein gut gehütetes Geheimnis zu stehlen. Seine Beute war ein Baum, der in der Natur 42 Meter hoch werden kann, glänzend grüne Blätter besitzt, eine hellbraune Rinde hat und einen dickflüssigen weißen Saft absondert – Latex. Brasilien besaß das Monopol für diesen natürlichen Kautschuk, der seit mindestens 3.000 Jahren von den Bewohnern Mesoamerikas gewonnen wird.

Die meisten von Wickham herausgeschmuggelten Samen verdarben, aber einige keimten doch und wurden nach Sri Lanka und Malaysia verschifft. Handelsplantagen in Südostasien übernahmen in den darauffolgenden 60 Jahren den Gummihandel, bis in den 1930er Jahren ein synthetischer Gummi auf den Markt kam.
Der beste brasilianische Wildkautschuk wird immer noch von den in der Natur weit verstreut wachsenden Bäumen von lizenzierten Sammlern geerntet. Dabei handelt es sich um eine sehr schonende Nutzung des Regenwaldes. Die Bäume wachsen schnell, sie werden mit etwa sechs Jahren das erste Mal angezapft und produzieren dann, bis sie 25 Jahre alt sind.
Um den Baum anzuzapfen, wird mit einem scharfen Messer ein dünner Rindenstreifen weggeschnitten, woraus der Saft austritt. Man

nimmt an, dass der Kautschuk dem Baum als natürliches Insektenschutzmittel dient. Bis vor Kurzem fand das Holz des Kautschukbaums wenig Beachtung, doch jetzt nutzt man Kautschukholz zur Möbel- und Spielzeugherstellung. Seine Nutzung ist umweltschonend, weil es nicht aus dem Regenwald, sondern aus kommerziellem Anbau stammt.

Auf einer Kautschukplantage wird Saft gesammelt. Die Schnitte werden immer höher angesetzt, damit man die Bäume mehrere Jahre lang anzapfen kann.

WIE MAN DEN KLIMAWANDEL BEKÄMPFT

Die meisten Wissenschaftler stimmen heute darin überein, dass das Verbrennen fossiler Brennstoffe, zusammen mit der Abholzung großer Waldgebiete, einen wesentlichen Klimawandel hervorruft. Mit dem Kohlendioxidausstoß steigt auch die Temperatur auf dem gesamten Globus… voraussichtlich um 3°C bis Ende des Jahrhunderts.

Umweltschützer drängen daher darauf, Bäume zu pflanzen, um den Verbrauch fossiler Brennstoffe auszugleichen. Einige Industriezweige, die zur Umweltverschmutzung beitragen (z.B. Fluglinien), bieten ihren Kunden an, Klimaschutzprojekte zu unterstützen. Leider haben sich davon einige als Schwindel erwiesen, und es wurden gar keine Bäume gepflanzt, oder aber die Verbraucher zahlten für bereits bestehende Projekte. Bewusste Konsumenten können trotzdem mithilfe von Bäumen etwas wieder gut machen. So kann man Regenwaldstücke kaufen, um diese auch für zukünftige Generationen zu bewahren. Auch Schutzprogramme, bei denen Setzlinge in den sog. Entwicklungsländern gepflanzt werden, helfen dabei, die Ausbreitung der Wüsten zu stoppen und liefern gleichzeitig Nahrung, Brennstoff und Schatten.

Selbst Bäume zu pflanzen sorgt dafür, dass neues Grün entsteht. Bei wenig Platz können statt Zäunen auch Hecken angelegt werden,

Hecken bieten Schutz und Unterschlupf für die Tierwelt. Sie sind besser als Zäune oder Mauern, vor allem, wenn einheimische Gewächse dafür genutzt werden.

die gleichzeitig einen wichtigen Lebensraum für die Tierwelt darstellen. Trotzdem kann das Pflanzen eines Baumes nur ein kleiner Beitrag sein. Bäume sterben oder verrotten und geben dann ihrerseits den Kohlenstoff wieder ab, den sie zu Lebzeiten eingeschlossen haben. Diese Energie sollte als Brennholz genutzt oder zu torffreier Pflanzenerde kompostiert werden. Die beste Lösung wäre, das Holz als Bauholz zu verwenden, um das Treibhausgas nicht nur für Jahrzehnte, sondern für Jahrhunderte zu verbannen. Würde sich dieser Gedanke im großen Stil durchsetzen, wären unsere Städte bald „festgewordene" Wälder.

WOHLSTAND

Es gibt Zeiten, da kann man wirklich zufrieden sein. Die Kinder haben die Schule beendet und das Haus verlassen, die Hypothek ist abbezahlt und die Geschäfte gehen gut – Zeit, sich zurückzulehnen und nachzudenken.

Ein Arboretum, eine Baumsammlung, ist ein wunderbares Symbol für eine erfolgreiche Karriere. Es ist die lebendige Form einer Vision, die die Vorstellung ihres Schöpfers widerspiegelt. Es hinterlässt einen dauerhaften Eindruck und wird von Generationen wertgeschätzt.

Inspiration

Die großen Industriellen des 19. Jahrhunderts pflanzten oft exotische Gewächse und wunderschöne Bäume aus der ganzen Welt. Sorgsam wurde eine Mischung aus Farben, Größen und Formen in Wassernähe gestaltet. Es sollte ein wunderbarer Ort entstehen, mit dem man bei einem Spaziergang Freunde und Nachbarn beeindrucken konnte.

Diese Idee passte zum Unternehmergeist jener Zeit. Es ging um die Beherrschung der Natur – Bäume wurden am anderen Ende der Welt gesammelt, hergebracht und dann in großen Parks oder Landsitzen „gezähmt“. Solche Arboreten wurden auch angelegt, um herauszufinden, ob diese nicht heimischen Arten einen kommerziellen Nutzen haben könnten.

Wegbereiter

Manchmal kam es durch diese Pioniersammlungen zu großen Entdeckungen. So wachsen z. B. Mammutbäume von der nordamerikanischen Pazifikküste im milden Klima der britischen Westküste. In Schottland stehen vier 60 m hohe Douglasien auf Landsitzen von Männern, die erfolgreich mit Amerika Handel trieben. Charles Sargent (1841-1927), Sohn eines Bostoner Bankers, machte aus seinem Familienanwesen ein 130 Morgen großes Arboretum. Das Ergebnis beeindruckte die Akademiker der benachbarten Harvard Universität dermaßen, dass sie ihn 1872 baten, Direktor des Arnold Arboretums zu werden. So erforschte er in den folgenden 55 Jahren ausführlich die Bäume Nordamerikas.

Wahl des Baumes

Daraus können wir noch heute lernen, denn wie lassen sich Wohlstand und Glück besser feiern als mit einer mächtigen Fichte? Und wer noch mehr will: Wie wäre es mit einer Zusammenstellung exotischer Arten wie die Sammlungen des 19. Jahrhunderts?

Wenn Sie diese Richtung einschlagen wollen, dann sollten Sie Bäume verschiedener Größen, Formen und Farben wählen, um eine Auswahl von großer Bandbreite zu präsentieren. Beachten Sie dabei nicht nur das Laub, sondern auch die Rinde und das Aussehen der Bäume im Winter. Pflanzen Sie die Bäume so, dass sie sich in den verschiedenen Jahreszeiten ergänzen

WIE MAN VERANTWORTLICH MIT BAUHOLZ UMGEHT

Seit Urzeiten ist der Mensch auf Holz als Rohmaterial angewiesen. Seit dem 19. Jahrhundert sind jedoch Stahl, Beton, Plastik und Glas in den Vordergrund getreten, weil diese Materialien für den Bau stabiler und einheitlicher sind als Holz. Aufgrund technischer Verbesserungen und der Sorge um die Erderwärmung hat sich das Blatt jedoch noch einmal gewendet.

Heute gilt Holz als das nachhaltigste Baumaterial, sofern die Waldflächen nach der Rodung wiederaufgeforstet werden. Seine Produktion verbraucht weniger Energie als Beton oder Stahl, und es bindet beim Wachstum Kohlendioxid. Zudem passt Holz als natürlicher Baustoff besser zur ökologischen Moderne.

Trotzdem gibt es gute Gründe, Tropenholz kritisch zu sehen, denn häufig kommt es aus illegaler oder nicht nachhaltiger Abholzung. Der FSC (Forest Stewardship Council) hat ein Zertifizierungssystem für nachhaltige Forstwirtschaft geschaffen. Achten Sie daher auf das entsprechende Siegel auf dem Holz.

Ihr Bauholz sollte möglichst aus Ihrer Umgebung stammen, damit sich schädliche Emissionen durch den Transport im Rahmen halten und der Gewinn der heimischen Forstwirtschaft zugute kommen kann. Die meisten Industrienationen unterstützen eine nachhaltige Waldwirtschaft.

Durch moderne Laminierungstechniken können heute kleine Holzstücke zu großen Balken zusammengefügt werden. Dies ist von Vorteil, um der Nachfrage nach überwiegend langem Bauholz gerecht zu werden. Indem kleine Stücke mit Klebstoffen verleimt werden, erhält man Balken, die stärker sind als ein natürlich gewachsenes Stück Holz. Durch Acetylierung (wodurch das Holz haltbarer gemacht wird) können Materialien hergestellt werden, die so stabil, berechenbar und beständig sind wie Stahl oder Beton. Sie sollten alle Alternativen prüfen, ehe Sie sich für eine knapper werdende Holzart entscheiden. Und es muss nicht immer Massivholz sein. Aus behandeltem Nadelholz gibt es neue Materialien, z.B. mitteldichte Holzfaserplatten (MDF) – eine Kombination aus Holzfasern, Wachs und Harzen, die zu Platten gepresst wird.

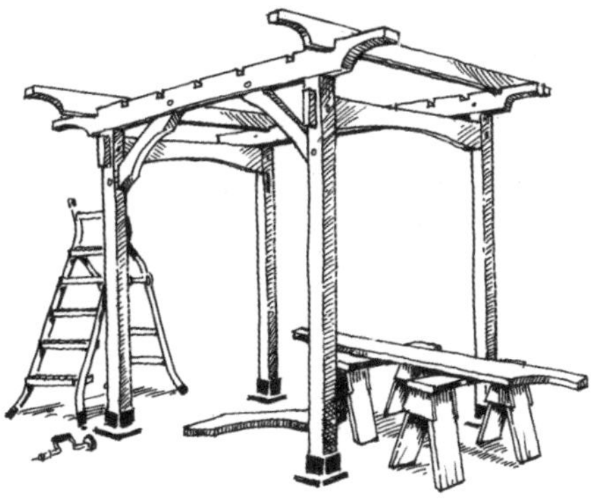

Eine Holzkonstruktion im Garten macht nicht nur Eindruck, sondern ist auch für die Umwelt gut.

EBENHOLZBAUM

Diospyros spp.

Zur Familie der Ebenholzgewächse gehören etwa 450 tropische Bäume mit tiefschwarzem Kernholz und einer fleischigen, leicht säuerlichen Frucht – der Kaki.

Das beste Holz, das Ceylon-Ebenholz, stammt vom *Diospyros ebenum*, einem immergrünen Baum, der bis zu 21m hoch werden kann. Er ist in Indien und Sri Lanka beheimatet, kommt aber auch mit wichtigen Arten in Afrika, Australien, Südasien, Hawaii und Amerika vor.

Alle Ebenhölzer wachsen extrem langsam. Das Kernholz kann ein Jahrhundert brauchen, um sich zu entwickeln. Ist der Baum aber ausgewachsen, dann hat er eins der härtesten Hölzer überhaupt (es sinkt im Wasser!). Das Holz ist in der Regel pechschwarz, jedoch gibt es auch Arten mit gelben Streifen. Schachfiguren, Klaviertasten und die Griffbretter von Geigen werden aus Ebenholz gefertigt.

Im alten Griechenland war die Kaki als „Götterfrucht" bekannt, und ihr wissenschaftlicher Name *Diospyros* bedeutet wörtlich „Götterweizen". In Homers Odyssee wird eine Lotusfrucht erwähnt, die so köstlich ist, dass man vergisst, nach Hause zurückzukehren, sobald man sie gekostet hat – wahrscheinlich handelt es sich hier um die Kaki. Vor allem in Japan, China und Korea ist sie sehr beliebt und wird dort auch als Trockenfrucht verwendet.

DIE KAKI

Die Japanische Kaki *(D. kaki)* wird am häufigsten angebaut. Sie stammt aus China und gelangte im 19. Jahrhundert nach Europa und Kalifornien. Vor allem in Israel wird sie unter dem Namen Sharon verkauft. Die Farbe der Frucht reicht bei den Zuchtsorten von hellem gelb-orange bis zu dunklem orange-rot. Im unreifen Zustand ist die Frucht wegen ihres hohen Tanningehalts stark adstringierend, besitzt aber reif ein süßes fruchtiges Fleisch. Die Amerikanische Kaki *(D. virginiana)* ist reich an Vitamin C und Calcium.

Die Nordamerikanische Persimone (Diospyros virginiana) *ist ein eleganter Baum mit einer groben Rinde. Bevor sie ganz reif ist, ist die Frucht sehr bitter.*

WALNUSS

Juglans spp.

Den Walnussbaum und den Menschen verbindet eine lange Geschichte. Die essbare Frucht ist ein Kern, der in einer festen fleischigen Ummantelung wächst. Botanisch gesehen handelt es sich eher um eine Steinfrucht (wie Kirsche, Mango und Kokosnuss) als um eine Nuss.

Die Gattung *Juglans* der Laubbäume umfasst 20 Arten, die auf der Nordhalbkugel und in Südamerika heimisch sind. Der Baum wird wegen seines Aussehens und seiner kommerziellen Bedeutung geschätzt. Die beiden wichtigsten Arten sind *J. regia* (Echte Walnuss) und *J. nigra* (Schwarznuss). Bei der Walnuss handelt es sich um einen Laubbaum, der mit der Esche verwandt ist. Die Blätter sind grau-grün und verleihen dem Baum eine sonderbar luftige Erscheinung, vor allem, wenn er einzeln steht. Walnüsse sind reich an Ölen, und vor allem der Mittlere Orient, Frankreich und Italien wissen das Walnussöl in ihrer Küche zu schätzen. Die Nuss und das Öl passen hervorragend zu Salat und Käse.

Das Holz ist dunkel und hart und besitzt im polierten Zustand eine herrlich schimmernde Maserung. Der Schwarznussbaum wird als Furnier und Bauholz verwendet.

Walnussbäume produzieren ein natürliches Unkrautvernichtungsmittel – Juglon. Das lässt Pflanzen in ihrer

Die Echte Walnuss (Juglans regia).

Nachbarschaft verkümmern oder gar absterben. Dieses Phänomen bezeichnet man wissenschaftlich als Allelopathie. In der Natur vertreibt der Baum damit Konkurrenten im Kampf um Nährstoffe und Wasser. Dadurch ist er für den Garten nur bedingt nutzbar.

Die größte Walnussplantage mit 730 Hektar liegt im Iranischen Sharmirzad. Weiter östlich, in Kirgisien, gibt es einen 220.200 Hektar grossen Walnusswald als Überbleibsel eines subtropischen Waldes aus dem Tertiär.

AFRIKANISCHER AFFENBROTBAUM

Adansonia spp.

Die besondere Silhouette des Affenbrotbaums, auch Baobab genannt, mit seinem gedrungenen bis zu 30 Meter hohen Stamm und den wurzelähnlichen Zweigen, ist untrennbar mit der afrikanischen Landschaft verbunden, obwohl er auch in Teilen Australiens vorkommt. Im Englischen nennt man ihn auch „Upside-down tree", umgekehrter Baum.

Es gibt acht Arten des Affenbrotbaums: sechs aus Madagaskar, eine aus Afrika und eine weitere aus Australien. Die Bäume sind für die Bevölkerung von großem Nutzen, denn sie liefern Bauholz, und ein schattiges Blätterdach. Aus der Frucht lassen sich wertvolle Lebensmittel herstellen.

Die einzigartige Form des Baumes hängt mit seinem trockenen Lebensraum zusammen. Der dicke rosa- bis kupferfarbene Stamm kann eine Menge Flüssigkeit speichern. Während der Trockenzeit sind die Zweige kahl, weil der Baum sein Laub abwirft, um den Feuchtigkeitsverlust gering zu halten. Affenbrotbäume bilden grosse weiße Blüten aus, die sich nur nachts öffnen und von Fledermäusen auf der Suche nach Nektar bestäubt werden. Die später daraus entstehenden Früchte werden bis zu 30 cm lang. Die Früchte enthalten sechsmal so viel Vitamin C wie eine Orange und doppelt so viel Calcium wie Milch, dazu Eisen, Kalium und Antioxidantien.

Der Affenbrotbaum spielt im Leben zahlloser Tiere eine wichtige Rolle – von Insekten, über Vögel bis hin zu Galagos und Elefanten. Ein hohler Baum in der Nähe von Derby in Westaustralien wurde in den 1890er Jahren als Gefängnis für Straftäter genutzt. „The Big Baobab Pub“ wurde im wohl grössten lebenden Baobab eingerichtet (15 m Durchmesser). Man sagt, es wäre einer der ältesten Bäume der Welt. Eine genaue Datierung ist schwierig, denn das Holz des Affenbrotbaums bildet keine Jahresringe. Eine Radiokohlenstoffuntersuchung lässt vermuten, dass er mehr als 6.000 Jahre alt ist.

Der Umfang des gewöhnlich sehr dicken Stammes kann in der Regen- oder Trockenzeit stark variieren. Der Baum ähnelt einer Sukkulente und speichert große Mengen Wasser in seinem Stamm.

JAHRESTAGE

Wichtige Ereignisse im Leben möchte man nicht nur einmal begehen: Hochzeiten, Geburten und anderen Familienereignissen wird meist einmal im Jahr am entsprechenden Tag gedacht.

Das geschieht oft durch eine kleine Karte, ein Geschenk, ein Essen oder die Erneuerung des Treueversprechens. Der fünfte Hochzeitstag ist traditionell die Hölzerne Hochzeit, da bietet es sich an, mit dem Ehepartner zusammen einen Baum zu pflanzen. Eichen sind ein Symbol der Stärke, ein rotblättriger Ahorn steht für Leidenschaft und ein blühender Apfelbaum repräsentiert die ewige Liebe. Mancher möchte vielleicht auch einmal im Jahr ein Familientreffen organisieren, um glückliche Momente zu teilen oder eines Unglücks zu gedenken. Was auch immer der Anlass sein mag: Ein extra für diese Gelegenheit gepflanzter Baum gibt dem Ganzen eine besondere Bedeutung.

Praktisches

Wenn es sich um ein Familienfest handelt, das auch zukünftig gefeiert werden soll, dann muss der Baum gut beschriftet werden. Die Zeit lässt unsere Erinnerung verblassen, und die jüngere Generation wird eine Erklärung brauchen, also sollte man überlegen, die Details auf einer Plakette festzuhalten *(siehe Seite 11)*. Ein kurzes Gedicht oder ein Reim können ebenso passen.

INSPIRATION

Laut dem griechischen Historiker Herodot gründete eine Priesterin des Zeustempels in Theben den Schrein der Dodona. Dodona wurde von den Phöniziern gefangen, versklavt und ins nördliche Griechenland verkauft. Dort errichtete sie unter einer Eiche ein Orakel, um die göttliche Weisheit kundzutun. Mit der Zeit wuchsen weitere Bäume und so entstand ein heiliger Hain. Besucher kamen und suchten Rat, worauf die Priester die Antworten aus dem Rascheln der heiligen Blätter lasen.

Wahl des Baumes

Sie könnten natürlich dieses Buch zu Rate ziehen und eine Eiche pflanzen als Symbol für die Unterstützung des Himmels. Besser noch: Beobachten Sie, welche Baumart in Ihrer Gegend gut gedeiht, um die richtige Wahl zu treffen. Vielleicht möchten Sie aber lieber einen Exoten oder einen Zierbaum pflanzen, um mit etwas Besonderem an ein wichtiges Ereignis im Leben zu erinnern. Bevor Sie sich jedoch entscheiden, sollten Sie unbedingt die Bodenbeschaffenheit und die klimatischen Bedingungen prüfen. Denken Sie an den Säuregehalt, die Wasserdurchlässigkeit und die Bodenart des Standorts, den Sie für Ihren Baum ausgewählt haben. Am wichtigsten ist, dass Sie ein gesundes Exemplar wählen, das zur Umgebung passt. Es macht keinen Sinn, einen empfindlichen Baum an einen Ort zu pflanzen, wo der Boden jeden Winter monatelang mit Schnee bedeckt ist.

WIE MAN HOLZ ALS BRENNSTOFF NUTZT

Das Feuer erst erlaubte es unseren Vorfahren, von den Bäumen herabzusteigen, das Wild in Fallen zu treiben, ungenießbare Lebensmittel essbar zu machen und in den kalten Gegenden Europas und Nordamerikas ihre Behausungen zu heizen.

Seit Tausenden Jahren nutzt man Bäume als Brennmaterial.

Seit man sich Gedanken über die Erderwärmung macht, wird Holz zunehmend wichtig. Holz verbrennt Kohlendioxid neutral, denn die dabei freigesetzten Gase sind während des Baumwachstums absorbiert worden. Holz ist auch die effizienteste Umsetzung von Sonnenenergie und speichert diese in einer handlichen „natürlichen Batterie“. Aber es geht um mehr, als nur darum, ein Streichholz anzuzünden, wenn man die Hitze des Feuers nutzen will. Beim offenen Feuer entweichen 90 %

der Wärme durch den Kamin. Energie wird verschwendet.

Öfen aus Gusseisen und Keramik verringern die Verschwendung. Die Luftzufuhr wird reguliert und so zirkuliert die Abluft möglichst intensiv, um ihr ein Maximum an Wärme zu entziehen. Moderne Heizöfen, die mit Holzpellets oder -spänen geheizt werden, sind effizienter und besonders wartungsarm. Frisch geschlagenes Holz brennt aufgrund seines Wassergehalts schlecht. Dieser hängt von der Holzart und der Jahreszeit ab. Eine im Frühling gefällte Pappel kann bis zu 70 % Wasser enthalten, während ein im Winter geschlagener Walnussbaum nur halb soviel hat.

BRENNWERT

Dichte Hölzer, wie Nussbaum, Eiche und Buche, haben den höchsten Heizwert. Sie brennen stetig und langsam. Trockene Weichhölzer, wie Pinie und Fichte, brennen heiß und schnell. Mischen der Hölzer kann hier Ausgleich schaffen.

Der Wassergehalt von Brennholz sollte unter 25 % liegen. Das erreicht man, wenn man das Holz trocknet und lagert. Idealerweise sollte das frisch geschlagene Holz in 10 cm breite Stücke gespalten und abgedeckt, mit Abstand vom Boden, bei guter Belüftung lagern. Im Frühjahr geschlagenes Holz braucht mindestens zwei Jahre zum Trocknen, das im Winter geschlagene kann häufig schon nach einem Jahr verwendet werden. Brennholz ist trocken, wenn sich die Rinde leicht abschälen lässt und die sichtbaren Oberflächen mit kleinen Splittern bedeckt ist.

MAMMUTBÄUME

Metasequoia, Sequoiadendron, Sequoia

Drei Gattungen heute noch vorkommender Nadelgehölze gehören zu den Mammutbäumen: Metasequoia glyptostroboides *(Urweltmammutbaum),* Sequoiadendron giganteum *(Riesenmammutbaum) und* Sequoia sempervirens *(Küstenmammutbaum). Diese drei in Kalifornien und Oregon heimischen Arten bringen die größten Bäume der Welt hervor – die sogenannten Titanen.*

Der größte Riesenmammutbaum, „General Sherman", ist mit 83 m zwar nicht der höchste Baum der Welt, aber mit einem Volumen von 1.487 qm aktuell der größte bekannte Baum. Der größte lebende Küstenmammutbaum ist der „Lost Monarch" mit einer Höhe von 98 m und einem Durchmesser von 8 m in Brusthöhe. Der „Hyperion", ein weiterer Küstenmammut, ist mit 116 m der höchste Baum der Welt. Er wurde trotz seiner imposanten Statur erst 2006 in einer Schlucht des Redwood Nationalparks entdeckt.

Die gewaltigsten Mammutbäume wachsen in tiefen Bergschluchten, wo sie wettergeschützt stehen und ausreichend mit Wasser versorgt sind. Fossile Funde lassen darauf schließen, dass diese Bäume früher womöglich zum Blätterdach eines gemäßigten Regenwaldes gehörten, der die gesamte nördliche Halbkugel überzog. Ihr Holz ist leicht, fest, fäulnis- und feuerresistent

Die schiere Größe der Bäume führt dazu, dass die meisten Betrachter nur die rostfarbene weiche Rinde der mächtigen Stämme wirklich sehen können.

und sehr wertvoll. 96 % der natürlichen Mammutbaumbestände waren abgeholzt, bis endlich 1976 die Fällungen eingestellt wurden. Heute werden Mammutbäume als Sekundärwald in Waldkulturen nicht nur in Kalifornien und Oregon, sondern auch im Südosten der USA, in Hawaii, Mexiko, Neuseeland und Europa gezüchtet.

EICHE

Quercus robusta spp.

Kein anderer Baum spielt eine so wichtige Rolle in unserer Geschichte. Seit der letzten Eiszeit haben Exemplare dieser langsam wachsenden Baumgattung beinahe jeden Schritt der europäischen und nordamerikanischen Entwicklung begleitet.

Die Stileiche, auch Deutsche Eiche oder Sommereiche genannt.

Es gibt etwa 400 Arten der Gattung *Quercus*. In erster Linie handelt es sich dabei um Laubbäume mit dicken Stämmen, die hunderte Jahre alt werden können.

Am bekanntesten wurden wahrscheinlich die Eichen Europas, Nordamerikas und Asiens mit den gelappten Blättern und den im Herbst ausgebildeten Eicheln.

Weniger bekannt sind die gut 150 Arten der immergrünen Eichen-Untergattung *Cyclobalanopsis* aus Südostasien. Eichenholz ist extrem hart und stabil. Es war bis vor Kurzem das beliebteste Bauholz. Bis ins späte 19. Jahrhundert hinein wurden nahezu alle europäischen und amerikanischen Schiffe aus Eiche gefertigt. Auch heute noch wird Eichenholz gern für Böden und Möbel verwendet, und der traditionelle Blockhüttenbau mit frischem Eichenholz erlebt zurzeit seine Wiederentdeckung. Dabei werden Fertighäuser aus ungelagertem Holz zusammengesetzt. Auch die Alkoholindustrie weiß die Eichen zu nutzen, denn das Holz hat einen hohen Tannin- und Vanillingehalt, sodass gute Weine und Spirituosen in Eichenfässern reifen, um besonderen Geschmack und Aromen zu erzielen. Flaschenkorken aus der Korkeiche *(Q. suber)* halten Pilze und Bakterien fern. Eichenrauch verleiht Fisch, Fleisch und Käse einen raffinierten Geschmack, und die tanninhaltige Rinde der Eiche wurde Jahrhunderte lang in Gerbereien und in der Medizin verwendet.

ÖKOLOGISCHE BEDEUTUNG

Die Eiche ist für die Tierwelt lebenswichtig. Ihr dichtes Laub und ihr verrottendes Holz ernähren zahllose Insekten, während Vögel in ihren Baumhöhlen nisten und die Eicheln von Eichhörnchen und Wild gemocht werden. Die Wissenschaft geht davon aus, dass eine durchschnittliche, 200-jährige Eiche mehr als 250 Tierarten ernährt.

DER HERBST

Auch wenn im Herbst überall das Laub seine Farbe wechselt, erscheint es doch in New England wie ein Wunder der Natur, wenn am Ende des Sommers die Wälder ihre Blätter abwerfen und ein atemberaubender Farbenteppich das Land überzieht.

Der chemische Vorgang, der dem Farbwechsel zugrunde liegt, hängt mit der Photosynthese zusammen – dem Prozess, bei dem Grünpflanzen das Sonnenlicht nutzen, um Wasser und Kohlendioxid in Zucker zu verwandeln. Die Photosynthese (wörtlich „mit Licht zusammenfügen") hängt von fünf unterschiedlichen Farbstoffen ab. Die beiden wichtigsten, Chlorophyll A und B, sind grün und produzieren so lange, wie ausreichend Licht zur Verfügung steht. Ihre kräftige Farbe überlagert die weniger bekannten Pigmente, vor allem das orangefarbige Carotine und das gelbe Xanthophylle. Im Spätsommer, wenn die Tage kürzer und die Nächte kälter werden, lässt die Chlorophyllproduktion nach, aber die Carotine bleiben davon unberührt. Das erklärt, warum das Laub im Spätsommer gelb wird.

Währenddessen bereiten sich die Bäume darauf vor, ihre Blätter abzuwerfen. Korkzellen versiegeln den Ansatzpunkt des Blattstiels am Baum. Auf diese Weise verlangsamt sich der Rücktransport des Zuckers in den Stamm. Im Blatt vergrößert sich der Kohlehydratanteil,

Die kürzeren Tage und die kältere Temperatur kündigen dem Baum die Ruhephase an und er verliert seine Blätter.

besonders wenn es sonnig und trocken ist. Die Blätter reagieren mit Proteinen und produzieren Anthocyane, ein weiteres Farbpigment. Das rote oder lilafarbene Anthocyan überdeckt das Grün oder Gelb des Blattes.
Die Farbenpracht erreicht ihren Höhepunkt, wenn die Nächte kälter werden und es tagsüber trotzdem sonnig ist – vor allem dann, wenn ein heißer, trockener Sommer vorausgegangen ist. Die chemische Zusammensetzung in den verschiedenen Bäumen führt dazu, dass sich die Blätter unterschiedlich färben: Ahorn wird scharlachrot, Walnussbäume werden bronzefarben und die Birke golden. Der bunte Effekt wird verstärkt, wenn unterschiedliche Baumarten zusammenstehen. Der Herbst in Neuengland ist durch diese einzigartige Mischung weltberühmt, aber auch in den gemäßigten Zonen beider Hemisphären, einschließlich China, Korea und Japan, kann man diese Farbenpracht genießen.

DER RUHESTAND

Der Rückzug aus dem Arbeitsleben ist ein großer Einschnitt im Leben. Es gibt Kulturen, in denen man als Symbol für den Moment, da das 'Zepter' von einem zum nächsten weitergereicht wird, einen Baum pflanzt. In Kanada zum Beispiel ist es für einen scheidenden Generalgouverneur üblich, zwei Bäume zu pflanzen, und damit zu zeigen, dass er die Verantwortung weitergibt.

NEUE HERAUSFORDERUNGEN

Die meisten von uns freuen sich darauf, nicht mehr arbeiten zu müssen und das Leben etwas ruhiger anzugehen. Endlich können wir entspannen und die guten Seiten des Lebens genießen. So stellen wir es uns vor... aber der Ruhestand kann langweilig werden. Genau der richtige Zeitpunkt also, um eine neue Herausforderung anzunehmen. Legen Sie z.B. eine Gartenlaube an – einen Ort der Stille, an dem Sie mit Ihrem Lebenspartner den Sonnenuntergang genießen können.

Inspiration

Die Idee entstammt der klassischen Literatur. Im alten Griechenland genossen Dichter und Denker die Vorstellung eines *locus amoenus* („angenehmer Ort") als einen idealisierten Garten mit Bäumen, Rasen und Wasser. Dieser Fantasieort war meist weit abgelegen, um den Unterschied zwischen Stadt- und Landleben zu betonen und ihm einen Hauch von Freiheit und zeitloser Unsterblichkeit zu geben. Ein Archetyp dafür ist der Garten Eden in der Bibel, aber auch die römischen Dichter Virgil und Horaz entwickelten Vorstellungen einer ländlichen Zufluchtsstätte. In der mittelalterlichen Literatur kam diese Idee erneut auf und wurde später von William Shakespeare übernommen. Seine Liebenden und seine Feen tollen in '*Ein Mitsommernachtstraum*' durch einen paradiesischen Wald, und '*Wie es euch gefällt*' spielt im heimischen Idyll des Waldes von Arden.

Die Wahl des Baumes

Es überfordert natürlich den Geldbeutel der meisten Menschen, einen paradiesartigen Wald zu pflanzen, aber ein kleiner schattiger Hain ist manchmal machbar. Preiswerter ist es, einfach eine schöne Bank an einen ruhigen Ort zu stellen und von dort das Abendrot zu genießen. Eine kleine Gruppe Haselnusssträucher gibt Schatten, erfreut im Frühling mit hübschen Weidenkätzchen und im Winter die Tiere mit Nüssen. Ein Halbkreis aus Hainbuchen, nach Südwesten ausgerichtet, um die letzten Sonnenstrahlen einzufangen, bildet im Sommer ein dichtes Blattwerk, und im Winter bietet das rostbraune welke Laub ein wenig Schutz und Abgeschiedenheit.

Noch besser wäre eine Hecke aus Beerenfrüchten und Weißdorn, mit hellem und dunklem Laub, die den Tieren Zuflucht bietet und das ganze Jahr über schön anzusehen ist.

WIE MAN PFLANZEN KLONT

Laubbäume erneuern sich nicht nur aus abgesägten Oberflächen (siehe Seite 42 und 52), *sondern können oft aus Stecklingen vermehrt werden. Diese Eigenschaften lassen sich gut nutzen, den Bestand zu vergrößern – oder sogar ein lebendes Gartenelement herzustellen.*

Absenker

- Die Feige zum Beispiel vermehrt man, indem man an einem großen Zweig, den man zum Boden biegen kann, einen Teil der Rinde abschält.
- Im Frühling oder Sommer, befestigt man die Schnittstelle fest am Boden.
- Nach zwei Monaten haben sich Wurzeln gebildet.
- Dann vom Elternast abtrennen und in einen Topf pflanzen.
- Bis zum Aussetzen im Gewächshaus ziehen.

Abmoosen

- Auch hierbei einen Teil der Rinde eines Asts abschneiden. Eine kleine Plastiktüte unten um die betreffende Stelle wickeln.
- Unten gut zubinden und mit Pflanzenerde füllen (Torf oder Erde/Sand-Gemisch).
- Gut befeuchten und auch das obere Ende zusammenbinden. Feuchtigkeit regelmäßig prüfen.
- Sobald sich Wurzeln gebildet haben, vom Ast abschneiden und eintopfen.

Stecklinge

- Einen ca. 15 cm langen Zweig mit einem scharfen Messer abschneiden, sodass ein Auge übrig bleibt.
- Den Steckling in feuchten, fetten Boden setzen.
- Gut wässern.
- Nach draußen setzen, wenn er stark genug ist.

Diese Methode hat viele Vorteile, u.a. wachsen die Bäume in kürzerer Zeit heran

EIN HAUS AUS LEBENDEN BÄUMEN

1. Im Frühjahr einen Kreis von 1,5 m Durchmesser markieren. Einen 15 cm tiefen und ebenso breiten Graben auf dem Kreis ausheben. Pflanzenerde hineinfüllen und die Erde harken. Gut wässern.

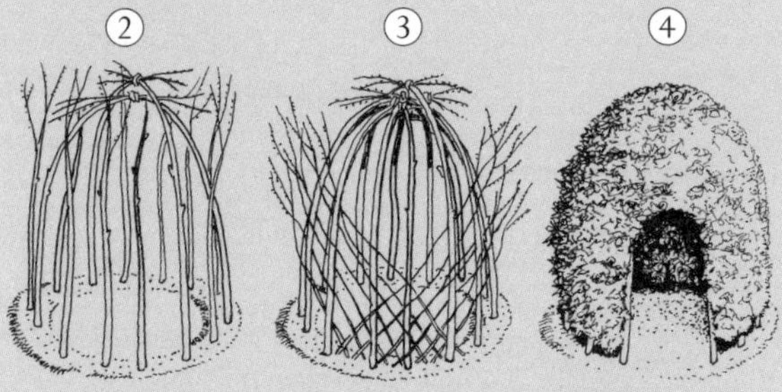

2. Im Abstand von 20 cm die dicken Enden von etwa 2 Meter langen, frisch geschnittenen Weidenstöcken in den Boden stecken.

3. Die Enden zur Mitte biegen und zusammenbinden. Kürzere Weidenruten zwischen die Äste stecken und diagonal verweben.

4. Nachgewachsenes in die Struktur mit hineinweben und alles, was zu stark oder in die falsche Richtung wächst, abschneiden.

Halten Sie den Boden feucht, und bis zum Hochsommer haben Sie ein lebendes Iglu. Regelmäßig in Form schneiden.

FICHTEN

Picea spp.

Die Taiga, das größte zusammenhängende Waldgebiet der Erde, zieht sich in einem Ring über die Nordhalbkugel: durch Alaska, Kanada, Skandinavien und Russland. Eine ihrer häufigsten Baumarten ist die Fichte, die starke Stürme und Temperaturen bis -40 °C aushalten kann.

Es gibt etwa 35 Fichtenarten – die bekannteste ist wohl die Gemeine Fichte *(P. abies)*, die auch an Weihnachten im Mittelpunkt steht. Die kegelförmige Baumkrone aus dunklen Nadeln kennt jeder. Schaut man genauer hin, sieht man, dass die Nadeln spiralförmig an den Zweigen wachsen, fallen sie ab, hinterlassen sie raue Schwielen auf der Rinde. Unter idealen Bedingungen können Fichten 20 - 60 m hoch werden, aber aufgrund der ungünstigen Klimaverhältnisse der meisten Standorte erreichen sie nur 10 -15 m.

*Gemeine Fichte (*Picea abies*).*

Auch wenn die Fichte ein Kälteprofi ist, muss man sie eigentlich als Wüstenpflanze bezeichnen, denn trotz häufiger Regenfälle und anhaltendem Schnee in der Subarktis, bedeuten die Minustemperaturen für die Pflanzenwelt, dass es kein Wasser gibt. Das süße Baumharz der Fichte enthält deshalb eine Art Frostschutzmittel. Ihre Nadeln werden mit einem wächsernen Überzug vor dem Austrocknen geschützt.

Die Fichte gedeiht auch in milderen Klimazonen gut. Überall auf der Welt werden große Flächen mit diesen kegelförmigen Bäumen bepflanzt. Sobald sie gefällt wurden, werden sie nachgepflanzt und versorgen uns so stetig mit Holz.

Der Brauch, Weihnachten einen Baum ins Haus zu holen und zu schmücken, kommt aus der heidnischen Tradition der Germanen. Prinz Albert von Sachsen-Coburg, Ehemann von Königin Victoria, führte ihn in der englischsprachigen Welt ein. Ein Bild von 1848 zeigt den Prinzen mit seiner Familie auf der Isle of Wight im Osborne House neben einem Weihnachtsbaum.

Viele Bäume beanspruchen den Titel, ältester Baum der Welt zu sein. Genetisch betrachtet, werden aber alle von dem Klon „Old Tjikko" aus Schweden mit seinem Alter von 9.600 Jahren geschlagen. Das Original steht längst nicht mehr, aber aus seinem Wurzelsystem treiben bis heute Schösslinge.

PILZE

Für die meisten Menschen sind Pilze ein Zeichen von Zerfall und Tod, aber dieser Organismus, der weder Pflanze noch Tier ist, erfüllt für Bäume eine lebensnotwendige Funktion. Bis zu 60 Pilzarten können einen einzigen alten Baum besiedeln. Manche sind schädlich, die meisten aber nützlich. Ohne Pilze könnte unser Wald nicht existieren.

Wurzeln

Die Wurzeln eines Baumes sind von einem riesigen Netz mikroskopisch kleiner Pilze umgeben, die ständig Nährstoffe aus dem Boden ziehen. Eines Tages werden Wissenschaftler vielleicht mit Pilzen Umweltverschmutzungen beseitigen, denn einige zersetzen das Laub, andere durchstöbern den Abfall nach seltenen Nährstoffen, die durch den Zuckeraustausch in den Wurzeln landen.

Stamm

Frisches Holz ist quasi unverdaulich, deshalb brauchen viele Waldlebewesen Pilze, um Zellulose und Lignin im Stamm aufzubrechen. Holzwurmlarven sind eine Ausnahme, aber sogar sie benötigen Hefepilze, um die langen Kohlenhydratketten in verdaulichen Zucker aufzuspalten.

Zerstörung

Einige Pilze sind reine Parasiten und können einen gesunden Baum töten, andere können sein Leben verlängern.

Durch Pilzbewuchs können Hohlräume entstehen.

Sie lassen den inneren Teil eines schweren, dicken Stamms verrotten, sodass ein solider Zylinder entsteht, der dem Sturm besser standhält. Der neu entstandene Hohlraum bietet Vögeln, Fledermäusen und Insekten ein Zuhause, deren Ausscheidungen wiederum den Baum mit Nährstoffen versorgen.

Rinde

Mehr als 100 verschiedene Flechten können auf einem einzelnen Baum wachsen. Diese Organismen, halb Pilz, halb Alge, können ähnlich wie Pflanzen Zucker bilden und Stickstoffe in lösliche Verbindungen umwandeln, von denen der Baum viele aufnehmen kann

Nahrung

Zu guter Letzt schätzen viele Köche Waldpilze wegen ihres Geschmacks – Trüffel, Steinpilze, Pfifferlinge, Shiitake und Austernpilze sind einige der essbaren Sorten, die nur unter Bäumen wachsen.

LANGLEBIGE KIEFER

Pinus aristata, P. longaeva, P. balfouriana spp.

Langlebige Kiefern und ihre Verwandten gelten als die ältesten existierenden Organismen. Von einigen Exemplaren weiß man, dass sie fast 5.000 Jahre alt sind. Diese knorrigen immergrünen Bäume wachsen auf trockenem Terrain und trotzen dort den unwirtlichen Bedingungen. So konkurrieren nur wenige Pflanzen mit ihnen um die knappen Nährstoffe, zumal Kiefern wenig anfällig für Schädlinge und Krankheiten sind.

Zu diesen Kiefern gehören: die Grannenkiefer *(Pinus aristata)*, die Langlebige Kiefer *(Pinus longaeva)* und schließlich die Fuchsschwanzkiefer *(P. balfouriana)*, alle in den USA heimisch. Sie sind Höhenspezialisten und wachsen oberhalb der Baumgrenze in 2.000 Meter Höhe. Die dortigen Bedingungen lassen die Bäume nur langsam wachsen. Ihre Nadeln können 20 bis 30 Jahre alt werden und schützen die Kiefernzapfen in besonders harten Jahren. Die meiste Energie wird aufs Überleben, nicht aufs Wachstum verwendet. Das Klima und die Langlebigkeit dieser Kiefer sorgen dafür, dass ihr Holz die Zeit überdauert und häufig ein von Wind, Sand und Frost krummer Stamm als holziger Überrest von ihr stehen bleibt. Das derzeit älteste Exemplar heißt „Methuselah“ und wächst in den White Mountains im Osten Kaliforniens. Holzproben haben 1957 ergeben, dass es 4.789 Jahre alt ist. „Prometheus“, ein anderes Exemplar, das 1964 gefällt wurde, weist sogar 4.862 Wachstumsringe auf. Ihr hohes Alter und ihre Wachstumsringe machen diese ‘Baumahnen’ für Dendochronologen *(siehe Seite 78)* interessant, die aus dem Querschnitt des Stammes über Jahrtausende eine ununterbrochene Zeitlinie nachverfolgen können. Tote Bäume, die in höheren Lagen standen als die heutigen, weisen darauf hin, dass das örtliche Klima vor nicht allzu langer Zeit milder gewesen sein muss.

Das Holz dieser Kiefern ist sehr dicht und bildet zusammen mit dem Baumharz einen guten Schutz vor Insekten, Pilzen und anderen Schädlingen – nur nicht vor Souvenirjägern, daher müssen die ältesten Bäumen vor der Zerstörung durch den Menschen bewahrt werden.

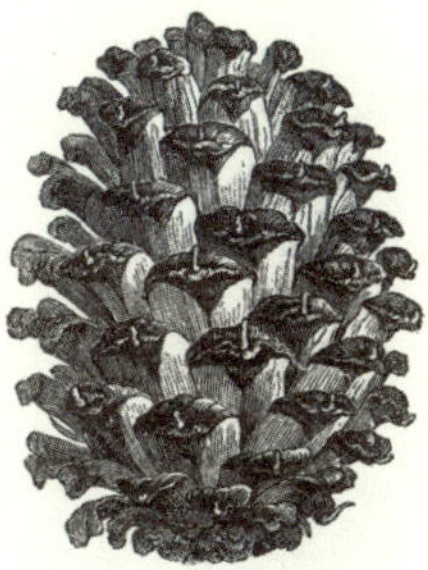

Die Zapfen der Langlebigen Kiefern sind grau oder dunkelbraun und haben an der Spitze eine schmale gebogene Borste.

ZUR ERINNERUNG

Der Tod eines lieben Menschen ist immer schmerzhaft. Ganz gleich, ob er unerwartet eintritt oder seit Monaten befürchtet wird, die plötzliche Abwesenheit unseres Angehörigen und die Gewissheit, dass er nie wiederkehren wird, sind oft schwer zu ertragen.

Totenwache und Beerdigung sind Rituale, mit denen wir diesen Einschnitt begehen, ebenso wie das Einrichten einer Grabstätte und das Aufstellen eines Grabsteins. Für unser Andenken können wir aber auch etwas Lebendiges wählen.

Große Hochachtung können wir dem Verstorbenen mit einer pflanzlichen Huldigung erweisen. Sie wird, anders als die schönsten, von Menschenhand geschaffenen Monumente, unsere Erinnerung an den Toten wachsen lassen.

In Ländern, in denen es vom Gesetz her erlaubt ist, können Freunde und Angehörige eine besondere Stelle suchen, an der sie die Asche verstreuen wollen. Häufig hat auch der Verstorbene selbst Wünsche geäußert, oder seine Vorlieben und seine Geschichte machen die Suche leichter. Und natürlich kann auch ein Baum selbst Antwort geben bei der Suche nach der geeigneten Stelle.

Alle Lebewesen benötigen die gleichen chemischen Bausteine, und Asche ist sehr mineralhaltig. Pflanzt man also einen Baum in ein mit Asche gefülltes Erdloch, dann wird die physische Essenz des Toten in die Zellen des Baumes übergehen.

Der Baum wird heranwachsen, sich verändern und in den folgenden Jahren mit seiner Schönheit nicht nur die Hinterbliebenen , sondern auch kommende Generationen erfreuen, die den Verstorbenen gar nicht kannten. Der Baum wird die höchsten menschlichen Empfindungen ausstrahlen– Freude, Kraft, Glauben, Hingabe und Schönheit –, und so die Erinnerung an den Toten über die Jahre hinweg ganz besonders lebendig halten.

Wahl des Baumes

Für warme Regionen bietet sich der Lebensbaum der Maya, der Kapokbaum an, in kälteren Gebieten sind die Eibe, die Stechpalme oder die Eiche passend. Als Alternative kann man einen Baum wählen, der die Persönlichkeit des Toten repräsentiert: ein Walnussbaum für den Sportler oder eine Magnolie für den Modebewussten. Oder es wird ein Bezug zur Kindheit des Verstorbenen hergestellt, der vielleicht früher unter einer Weide spielte. Das Wichtigste ist, dass sich die Lebenden mit dem Toten verbunden fühlen.

Inspiration

Die Mayas glauben an einen Weltenbaum, dessen Wurzeln, Stamm und Äste die Unterwelt mit dem Himmel und mit den lebenden Menschen verbindet. Eine ähnliche Rolle hatten für die Menschen im alten Europa immergrüne Pflanzen, die im tiefen Winter Beeren ausbilden, wenn alles andere tot erscheint. Später übernahmen die Christen diese Vorstellung und pflanzten Eiben auf ihre Friedhöfe. Ein immergrüner Baum ist Symbol dafür, dass die Liebe über den Tod hinaus besteht.

BALLENWARE

Größere Bäume kann man balliert kaufen, das bedeutet, dass der Baum schon angewachsen ist und mit intaktem Wurzelballen in einen Jutesack eingeschlagen ist. Pflanzen Sie einen Baum im Herbst oder im Frühling ein und vergessen Sie nicht, den Wurzelballen gut zu wässern.

- Heben Sie eine Grube aus, die dreimal so breit und etwas tiefer ist als der Wurzelballen. Das Loch gut vorwässern.

- Den Wurzelballen vorsichtig in das Loch setzen, sodass der Stamm knapp über der Erdoberfläche ist. Schneiden Sie alles weg, was nicht aus organischem Material ist. Holen Sie vorsichtig einzelne Wurzeln aus dem Geflecht, damit sie nach außen wachsen. Wieder gut wässern.

- Füllen Sie das Loch zur Hälfte mit Erde, dann leicht festtreten. Der Baum muss gerade stehen. Fügen Sie langsam Wasser hinzu, damit der Boden gut durchnässt ist. Danach den Rest der Erde auffüllen.

- Im ersten Jahr sollte der Boden immer feucht gehalten werden. Beim ersten Anzeichen welker Blätter sofort gießen! Kompost als Mulch über den Wurzeln hält die Feuchtigkeit im Boden. Der Mulch darf nicht bis zum Stamm reichen, sonst verrottet dieser.

WIE MAN EINEN BALLIERTEN SETZLING PFLANZT

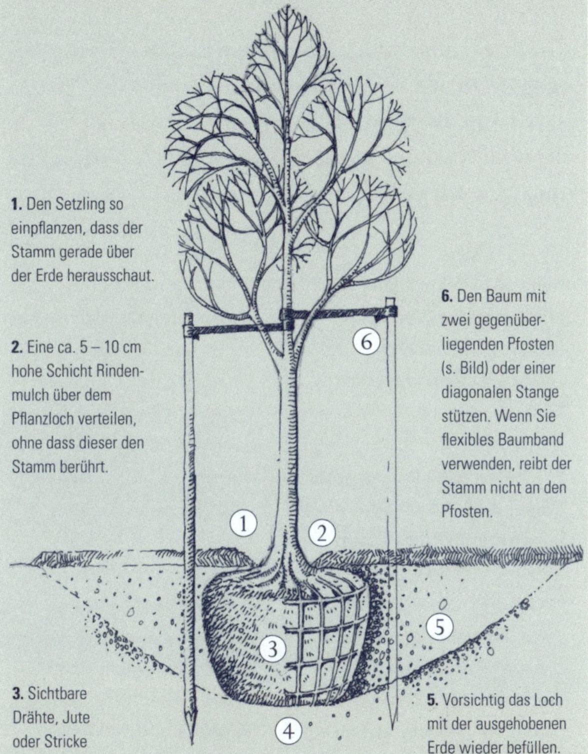

1. Den Setzling so einpflanzen, dass der Stamm gerade über der Erde herausschaut.

2. Eine ca. 5 – 10 cm hohe Schicht Rindenmulch über dem Pflanzloch verteilen, ohne dass dieser den Stamm berührt.

3. Sichtbare Drähte, Jute oder Stricke vom Ballen entfernen.

4. Setzen Sie den Wurzelballen direkt auf den Grund des Pflanzlochs.

5. Vorsichtig das Loch mit der ausgehobenen Erde wieder befüllen. Gut wässern, damit sich der Boden um den Wurzelballen setzt.

6. Den Baum mit zwei gegenüberliegenden Pfosten (s. Bild) oder einer diagonalen Stange stützen. Wenn Sie flexibles Baumband verwenden, reibt der Stamm nicht an den Pfosten.

Das Pflanzloch sollte dreimal so breit sein wie der Wurzelballen und schräg abfallen.

EIBE

Taxus spp.

Dieser langsam wachsende, urzeitliche Waldbaum wächst überall auf der nördlichen Halbkugel und in den Tropen. Obwohl die Botaniker neun Arten unterscheiden, sind diese genetisch doch sehr ähnlich.

Eiben sind langlebige, mittelgroße immergrüne Nadelhölzer mit einer rötlichen Rinde und dunkelgrünen Blättern, die in zwei flachen Reihen angeordnet sind. Bei jungen Bäumen treiben lange Zweige aus dem Stamm und bilden eine zylindrische Form, während sich ältere Exemplare meist gewaltig ausdehnen.

Die Eibe kann viele hundert Jahre alt werden: Die Fortingall-Eibe in Schottland ist einer der ältesten lebenden Bäume in Europa. Sie ist vermutlich älter als 2.000 Jahre.

Gemeine Eibe.

Die Eibe wurde von den Heiden verehrt, die frühen Christen errichteten ihre Kirchen in der Nähe dieser Bäume. Oft findet man die ältesten Eiben auf Friedhöfen.

Das gelblich-rote Holz der Eibe ist schön und wertvoll. Das äußere gelbe Holz ist sehr elastisch, das rote innere Hartholz sehr druckbeständig. Es eignet sich bestens für den Langbogen, der bis zum 16. Jahrhundert die europäische Kriegskunst beherrschte. Diese Nachfrage führte in Europa zu einer bedrohlichen Abholzung der Eibe, ihre Bestände haben sich bis heute nicht erholt. Die ältesten Eiben Europas stehen in Großbritannien – deren Holz wies nicht die gesuchte Qualität auf.

1966 entdeckte man, dass die Eibenrinde Taxane enthält. Da es sich hierbei um einen Wirkstoff zur Krebsbekämpfung handelt, wurden daraufhin, vor allem in Nordamerika und Indien, im großen Maßstab Eiben gefällt. Zum Glück lassen sich diese Zytostatika heute

Taxus baccata.

aus den Blättern der Gemeinen Eibe (T. baccata) gewinnen, die in Europa häufig vorkommt.

Fast alles an der Eibe ist giftig, mit Ausnahme des süßen roten Beeren-Fruchtfleischs, *Arillus*, das die Vögel im Winter mitsamt dem giftigen Samen fressen. Der Samen ist von einer harten unverdaulichen Hülle umgeben und passiert problemlos das tierische Verdauungssystem, um dort zu keimen, wo er ausgeschieden wird.

INDEX